頑張らない基礎英語

納得!! 英語学習カウンセラー
西澤 ロイ

あさ出版

はじめに

理屈ばかりの難しい英文法から卒業しよう

「英文法って難しい」
「英語は覚えることがたくさんあって大変」

　そんなイメージを持っている方が多いかもしれません。はっきり言いましょう。それは「勘違い」です。

　英語は「暗記科目」ではありません。あれこれと理屈をつけて覚えるべきものでもありません。その証拠に、英語は子どもでも話せるようになりますが、その時に「現在完了には『経験』『継続』『完了』の3つの用法がある」などとは教わっていないのです。

　しかし私たちは以下のように英語を教わってしまっています。

- can＝be able toで「…できる」
- will＝be going toで「…するつもり」
- 現在進行形は「…ている」
- to不定詞には名詞、形容詞、副詞の3つの用法がある
- 関係代名詞は2つの文をつなげて1つにする　etc...

　こういった教え方が「間違い」とは言いません。しかし、理屈に偏りすぎてしまっていると言えるでしょう。その結果として、必要以上に難しくなり、覚えることが増えてしまい、英語が苦手な人を増やしてしまっています。

英語は本来「感じる」べきものです。子どもが身につけられるということは、人が生まれつき持っている「感覚」で理解できるものなのです。大人がうまく理解できないとしたら、その感覚を無視して、理屈にこだわりすぎてしまっているから——。

　前作『頑張らない英文法』では、theなどの冠詞や、英語の骨格に当たる語順、特に暗記になりがちな前置詞などについて解説しました。感覚での理解の仕方がつかめた読者の方々からは、以下のような嬉しいご感想をいただくことができました。

「英語が分かるようになり、楽しくなりました」
「英語への苦手意識が和らぎました」
「もっと知りたいと意欲が湧いてきました」

　その続編となる本書では、「時制」にまつわる様々な表現について解説しています。時制は、英語の理解を深めたり、表現力をつけたりするためには必須のものです。単に「する」「した」というのではなく、「できる」「している」「したことがある」「しなければならない」「するかもしれない」「ずっとしている」etc……。中学英語で習う「基礎」ではありますが、こういった表現が使えなかったら、言語は「カタコト」の味気ないものとなってしまいます。

　現在進行形、命令形、助動詞、to不定詞、現在完了形……こういった名前を聞くだけで、難しそうだと思ってしまうかもしれません。しかし、繰り返しますがそれは「勘違い」です。**難しく感じるとしたら、実は「難しく考えてしまっている」だけなのです。**

英語はそもそも、誰でも理解できるシンプルなものです。あなたに理解できないはずがありません。ぜひ、時制という英語の大事な基礎を、「感じる」ことによりしっかりと理解することで、自信を持って使いこなせる英語力を身につけていただければと思います。

　2015 年 1 月

西澤 ロイ

はじめに　3

Chapter 1　様々な時制表現を捉えなおす

　「…ている」では捉えきれない
現在進行形　16

ing 形（現在分詞）の基本から押さえよう
進行形の文の作り方
- 肯定文の作り方
- 疑問文や否定文の作り方
- 過去進行形

進行形の基本的な意味は「〜の最中である」
進行形の応用的な意味
- 一時的であることの強調
- 感情の強調
- 未来を表す

「進行形にできる動詞、できない動詞」はウソ
You are being nice. の意味、分かりますか？
受動態を進行形にすると？
動名詞の感覚も進行形と一緒
　COLUMN　swimming はなぜ m が2つ？　17
　COLUMN　now を言うべきか、言わないべきか？　23

 ## 「命令」ではない「命令文」 33

命令文という名前に惑わされてはいけない
- なぜ原形を使うのか？

否定の命令文の作り方

please をつけても丁寧にはならない？

Let's は実は強引…？
- 柔らかく提案したい時

COLUMN　お店での注文時には必ず please を言おう　37

COLUMN　質問ではなくなってしまう反語　40

COLUMN　come につく over はどういう意味？　42

 ## can は「できる」ではない 44

can の後が原形になる意味

can を使った疑問文と否定文

can のコアの意味は「可能性」

can と be able to の使い分け

「できた」を could と言ってしまっていませんか？

Can you...? に注意しよう

COLUMN　なぜ助動詞の後ろは動詞の原形になるの？　45

COLUMN　一般論の you　55

COLUMN　can't help 〜 ing が
なぜ「〜せずにはいられない」なのか？　57

to 不定詞の「後から補足する」感覚 58

to 不定詞とはそもそも何なのか？
名詞的用法
- 動詞＋ to 不定詞
- 「まだやっていない」ニュアンスがある
- to 不定詞の名詞化

形容詞的用法
- 名詞＋ to 不定詞

副詞的用法
- 目的の to 不定詞
- 感情＋ to 不定詞

「頭でっかち」にならないための it ～ to…構文
to 不定詞のまとめ

- COLUMN　want を使う時の注意　64
- COLUMN　I have to read…とはどう違う？　66
- COLUMN　sorry はどういう意味？　70
- COLUMN　なぜ「なりたい（want to be）」は become ではなく be を使うのか？　71
- COLUMN　It's nice for/of you... はどちらも正しい？　75
- COLUMN　上達すると訳すのが下手になる!?　78

Chapter 2　時制表現の総仕上げ

 **to 不定詞と動名詞の違い** 80

大きく違うことも、ほとんど同じことも
to 不定詞と動名詞の使い分け
- to 不定詞しか取らない動詞
- 動名詞しか取らない動詞
- 動名詞／to 不定詞で意味が変わる動詞

応用編：be to 不定詞も感じれば難しくない

COLUMN　英語を感覚だけで捉える限界？　83
COLUMN　単なる暗記になってしまわないようにご注意を　86

 **未来を表す４つの表現** 90

英語には未来形がない
助動詞の will が持つイメージとは？
- will を強調／否定すると…

be going to は「物事が動き出している」
will と be going to の使い分け
- 「〜しない予定」は be going to がふさわしい
- 過去に「〜するつもりだった」は be going to を使おう

現在進行形でも未来を表せる

現在形でも未来を表す場合がある
結局どれを使えば正しい？
- **COLUMN**　「これを下さい」　92
- **COLUMN**　日本語に訳せない現在進行形　99
- **COLUMN**　if it will rain... がなぜダメなのか？　102

 現在完了形の真実　104

現在完了形の基本から押さえよう
現在完了形の意味
- まずは感じてみよう
- 疑問文を感じてみよう
- 否定文を感じてみよう
- 3つの用法をどう見分ければいいですか？

「経験」の用法
「継続」の用法
「完了・結果」の用法
- already と yet の感覚
- 「ちょうどした」と言いたい時の注意事項
- **COLUMN**　過去にも未来にも使える ever　109
- **COLUMN**　なぜ time に「…回」という意味があるのか？　112
- **COLUMN**　I have been in... はどういうニュアンス？　114
- **COLUMN**　just のコアは「ピッタリ」　121

 様々な助動詞の
イメージと使い方 123

助動詞が表す「心的態度」
「かもしれない」と「してもよい」の may
- may のコアにある感覚
- 許可の may に関する注意点
- may の過去形 might

「しなければならない」を表す2つの助動詞
- have to と must の違いとは？
- have to しか使えない場面
- must の二面性
- 「…に違いない」を過去にすると？
- 否定で使うと意味が全く違う

shall と should
- もはや絶滅寸前の shall
- should は shall が弱くなったもの

COLUMN　お金持ちに対して the bathroom はダメ？　127

COLUMN　maybe は「たぶん」よりも可能性が低い　128

COLUMN　実は have to も「…に違いない」
という意味で使われる　135

COLUMN　have to と has to の発音がなぜ濁らないのか？　137

COLUMN　英語に敬語はあるのか？　141

Chapter 3 複雑に思える文法も感覚的に理解しよう

 時制の一致と過去完了形 146

「時制の一致」とは？
- まずは日本語を客観的に見てみよう
- 英語の時制は非常にシンプル

過去形を使う時に潜む感覚
- 過去の話は全て過去形にするのが基本
- 敢えて「現在形」を使ったら…

過去完了形の感覚を掴もう
- 「過去の過去」だから使われるのではない？
- 普通は「過去形」だという感覚を持とう
- 現在形にも「特殊な意識」がある
- トキの流れを感じよう

COLUMN 現在形で語るケースとは？　164

 仮定法の「感じ方」 165

仮定法の基本は could
wish で神様に願おう
なぜ現在の話なのに過去形を使うのか？
if を使った仮定法
would を見たら仮定法だと思え
仮定法過去完了
should have を使った仮定法
　COLUMN 主語が I なのになぜ were なのか？　169

Lesson 11 様々な疑問文 174

否定疑問文
- 日本語での否定疑問の使い方
- 英語での否定疑問の使い方

付加疑問文はなぜ肯定／否定を逆にするのか？
- 実は逆にしなくても OK
- 付加疑問文の基本
- 付加疑問文の実際の使い方
- 会話では right がよく使われる
- 命令文や Let's の場合

how long
how often
疑問詞＋to 不定詞
- how to
- what to
- when/where to

「…かどうか」を表すには？
COLUMN 疑問文で any と some のどっちを使う？ 176
COLUMN なぜ if が「…かどうか」という意味にもなるのか？ 189

おわりに 191
さくいん 194
読者プレゼント 198

Chapter
1

様々な時制表現を捉えなおす

「…ている」では捉えきれない現在進行形

　現在進行形は「…ている」と暗記されがちです。日本語には訳せない、進行形が持つ感覚について解説します。

ing形（現在分詞）の基本から押さえよう

　前作『頑張らない英文法』で動詞の現在形、過去形、過去分詞について取り上げましたが、もう1つの活用形がingをつける形です。

　これを「進行形」と呼ぶ人もいますが、厳密にはbe動詞とのセットになった時に初めて「(現在／過去)進行形」になりますから、単独では「現在分詞」が正しい文法用語です。本書では難しくならないように「ing形」と呼びます。

　まずは、ing形の作り方から確認しましょう。基本は、動詞の最後に-ingをつけます。
read　➡　read<u>ing</u>
sing　➡　sing<u>ing</u>

　動詞がeで終わる場合には、最後のeを取って-ingをつけます。
make　➡　mak<u>ing</u>
smile　➡　smil<u>ing</u>

　動詞をing形にすると「…している状態」を表します（厳密には「…ている」とは違います。詳しくは後述します）。
　例えばsing a songで「歌を歌う」という動作を表しますが、sing<u>ing</u> a songというing形にすることにより「歌を歌ってい

16

る状態」を表します。

read a book ➡ **read<u>ing</u> a book**（本を読んでいる状態）
make sandwiches ➡ **mak<u>ing</u> sandwiches**（サンドイッチを作っている状態）

COLUMN

swimming はなぜmが２つ？

swim や run を ing 形にする時には、語尾を重ねて swi<u>mm</u>ing、ru<u>nn</u>ing のようにします。これは一体なぜでしょうか？

答えを理解するためには、「**マジック e**」と呼ばれる発音の基本パターンについて知っておく必要があります。

以下の単語を読んでみて下さい。

mother [mʌ́ðər]
do   [dú]
hope   [hóup]

どの単語も o という文字が含まれていますが、全て発音は違います（このように発音と綴りが一致しづらいのが英語の難しいところです）。

アルファベット通りの「オゥ」という読み方をしているのは hope だけです。この語尾の e が「マジック e 」と呼ばれます。h<u>ope</u> の語尾は「母音（aiueo）＋子音＋マジック e 」という順番になっていますが、**マジック e はその母音が文字通りに発音される特徴があります。**

Chapter1　様々な時制表現を捉えなおす　17

take は a を「エイ」と読み「テイク」
like は i を「アイ」と読み「ライク」
June は u を「ユー(ウー)」と読み「ジューン」
Pete は e を「イー」と読み「ピート」
hope は o を「オゥ」と読み「ホゥプ」

(もちろん、語尾が e でもこのように読まない単語もあります。give(ギヴ)や move(ムーヴ)などの語尾は「マジック e」ではありません。)

さて、**もし文字を重ねずに swiming や runing のように書くと、読み方が「スワイミング」「ルーニング」になってしまいます。**元の動詞が swime(スワイム)や rune(ルーン)であり、「マジック e」を取って ing をつけたことになってしまうからです。

語尾の文字を重ねて swimming や running と書くことで、元々が語尾に e のつかない swim や run であることが分かるのです。

進行形の文の作り方

それでは、進行形の文の作り方に話を進めましょう。

動詞(もしくは動詞句)を ing 形にして、その前に主語と be 動詞をつけます。

I'm making sandwiches.

be 動詞の意味は「イコール」ですから「私=サンドイッチを作っている状態」、つまり「私はサンドイッチを作っている(状態である)」という意味になります。

なお、be 動詞が現在形ですので「現在進行形」と呼びます。

肯定文の作り方
I <u>read</u> a book.

I <u>am reading</u> a book.（動詞を ing 形にし、be 動詞をつける）

上記の例文を見て、こんな疑問が湧くかもしれません。「be 動詞と一般動詞は同時には使わない（どちらか一方しか使わない）のでは？」と。

もしそう思われたなら、それは be 動詞と一般動詞の違いをしっかりと理解できている証拠です。

make や read は ing がつくことで、動詞ではなくなり、形容詞になっています。ですから、

× **He playing baseball.**

だと動詞が欠けてしまい、文になりません。そこで be 動詞が使われるのです。

疑問文や否定文の作り方
疑問文や否定文の作り方は、be 動詞の文と同様です。

〈疑問文〉

He <u>is playing</u> baseball.

<u>Is</u> he <u>playing</u> baseball?（主語と be 動詞を倒置する）

〈否定文〉

He <u>is playing</u> baseball.

He <u>is not playing</u> baseball.（be 動詞の後に not をつける）

過去進行形

be 動詞を過去形にすると「過去進行形」になります。

He was playing baseball.

進行形の基本的な意味は「〜の最中である」

進行形の構造文法を押さえたところで、次は意味について、もう少し理解を深めていきましょう。

進行形は日本語の「…ている」に近いと言われます。

He is reading a book.

read（読む）が be reading になることで「読んでいる」になります。

The child is playing with a toy.

play（遊ぶ）が be playing になることで「(おもちゃで) 遊んでいる」になります。

ここまでは、英語の進行形と日本語の「…ている」に特に違いがありません。

では、次の例です。

He is dying.

die は「死ぬ」ですが、be dying は「死んでいる」ではありません。「死にかけている」という意味になります。

The old man is getting up from bed.

get up (from bed) で「(ベッドから) 起きる」ですが、be getting up は「起きている」ではなく「まさに起きようとして

いる」になります。

　なぜこのような意味の違いが生まれるのでしょうか。readやplayと、dieやget upとでは一体何が違うのでしょうか？

　まず、「読む」や「遊ぶ」は時間の幅を持つ動作です。例えば30分間ずっと何かを読むことや、何時間もかけて遊ぶことも可能ですよね。
　進行形は「一時的な状態」を表します。ですから、「読む／遊ぶ」という動作の一部を取り出し、「読んで／遊んでいる」という意味になります。

　それに対して、「起きる」や「死ぬ」に時間の幅はほとんどなく、状態が変化することを表します。「寝ている状態」から「起きている状態」への変化が「起きる」です。また、「生きている状態」から「死んでいる状態」への変化が「死ぬ」です。
　進行形にすることで、そのほぼ一瞬の変化を虫眼鏡で拡大するかのように、その最中であることにフォーカスします。その結果、「…しかけている」という意味になります。

die

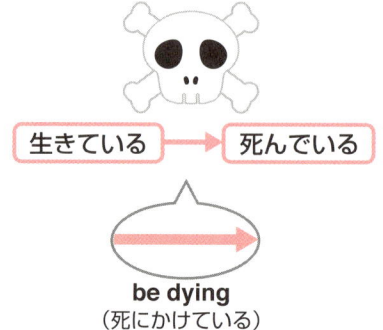

また、knock（ノックする）や cough（咳をする）などについても触れておきましょう。このような**一瞬で終わる動作の場合、日本語でも同様ですが、「繰り返し」ていることになります。**

The mobile phone rang when I <u>was knocking</u> on the door.
「ドアをノックしていた時、携帯電話が鳴った」という意味ですが、おそらく「ドンドンドン、ドンドンドン」と繰り返しノックしていますね。

　一瞬で終わる動作でも繰り返すことで時間の幅が生まれ、一時的な状態として捉えることができるということでしょう。

knock

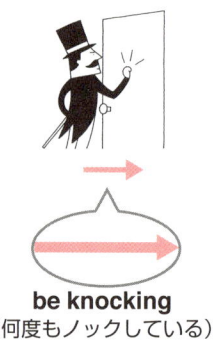

ですから、進行形を目にした時には、「…ている」と日本語に訳してしまうのではなく、その動作を行なっている「最中」だということを感じて下さい。be reading は「読書の最中」、be dying は「死ぬ最中」、be knocking は「ノックの最中」なのです。

COLUMN

now を言うべきか、言わないべきか？

現在進行形は「今」進行しているのだから
He is playing soccer <u>now</u>.
のように、now をつけて表現しなければいけないと思っていませんか？

学校英語では教えやすくするために一律で now をつけて教える場合があります。しかし、now がついている場合とそうでない場合とでは、意味が違ってきます（表現が違うと、意味が違うのです）。

ではここで問題です。

Q. 次の2つの文はどのように意味が違うでしょうか？

He is playing soccer.
He is playing soccer <u>now</u>.

別に now をつけなくても、be 動詞が現在形ですから、現在の話だということは当然伝わります。そこで now をつけると「今であること」が強調されるのです。

日本語でも同様ですが「彼は、今はサッカーをしています」と言えば、さっきまでは違うことをしていたように聞こえます。もしかしたら飽きっぽくて、いろんなことに手を出しているのかもしれませんよね。

　もう１つ問題を出しましょう。

> **Q** 次の２つの文はどのように意味が違うでしょうか？
>
> I'm telling the truth.
> I'm telling the truth <u>now</u>.

　前者は「私は本当のことを言っています」という意味ですね。それに対して後者のようにnowをつけると、「(さっきまでとは違って)今は本当のことを言っている」という意味になります。

進行形の応用的な意味
　さらに、進行形の他の使い方も見ていきましょう。ぜひしっかりと感じて下さいね。

一時的であることの強調
I teach him English.
　このように現在形で言えば、彼に英語を教えることを定期的に行なっている、つまり「彼の英語の先生である」ことを表します。
　それに対して、**進行形にすることでそれが「一時的」「たまたま」だということを表せます。**

I'm teaching him English.

このように言えば、「一時的に英語を教えている」、もしくは「たまたま少しだけ彼に英語を教えている」といった意味合いになります。

感情の強調

この使い方は、日本語でも「…ている」と言いますので、非常によく似ています。

You're always complaining.（あなたはいつも文句ばかり言っている。）

もちろん
You always complain.

のように現在形で言うことも可能ですが、進行形にすることで「いつもしてばかりだ」という意味合いになり、「苛立ち」などを表すことができます。

I'm telling you.

これは直訳すると「私はあなたに伝えている」ですが、「"繰り返し"伝えている」ことを強調しています。ですから意訳するならば「本当だよ！」とか「何度も言っているでしょ」といった感じでしょうか。

未来を表す

現在進行形は「未来」を表す時にも使われます。「現在進行形」という名前から違和感を覚える人もいるかもしれませんが、日本語の「…ている」にも似たような用法があります。

「明日の今頃は飛行機に乗っています」

このように言うことで、**既に「しているような気分」が感じられます**。日本語のこの用法は、頻繁には使わないかもしれませんが、英語の現在進行形はよく（特に口語で）未来を表す意味で使われます。

I'm flying to Osaka tomorrow.（明日大阪に飛びます。）
　心は既に大阪へ向かって飛行機で飛んでいる――。そんな気持ちを感じて下さい。

※なお、未来を表す表現についてはLesson 6（90ページ）を参照して下さい。

「進行形にできる動詞、できない動詞」はウソ

　動詞の中には、現在進行形にすることができないとされるものがあります。例えば、
I know him.
　を進行形にして
× **I'm knowing him.**
　とは普通言えません。

　ただし、ここで「knowは進行形にはできない」「状態を表す動詞は進行形にできない」などと暗記しないようにご注意下さい。なぜなら、そのようなルールが存在するのではなく、**意味的におかしいので言わないだけだからです**。
　そもそもknowとはどういう意味でしょうか？
「知っている」という状態を表します。be knowingと言った

ところで、「知っている最中」や「一時的に知っている」というのは意味を成しません。ですから進行形にはしないのです。

ではここで問題です。

Q ▶ I'm living in Chiba.はどういう意味でしょうか？

live は「住んでいるという状態」を表しますが、進行形にすることも可能です。
I'm living in Chiba.
これで「私は一時的に千葉に住んでいる」という意味になります。例えば、日本に赴任した外国人が、東京都内に住みたくてアパートを探していて、仮住まいとして千葉に滞在しているとします。そのような場合にこの表現はパーフェクトなのです。

では、さらに問題です。

Q ▶ 以下の英文はそれぞれどういう意味でしょうか？

I'm seeing things.
They're seeing each other.

see は基本的に「見える」「目に入る」という動作を表します。それを進行形にすると、まずは「一時的に見える」という意味が考えられます。
I'm seeing things.
は「このところ幻覚が見える」という意味です。
ちなみに『シックス・センス』という映画の中で、亡くなっ

た人の霊が見える少年はそのことを
I see dead people.（『The Sixth Sense』より）
と表現します。進行形ではありませんから、一時的ではないニュアンスが感じられます。

　また、see には「会う」という意味合いもありますよね。進行形にすることで、それを「繰り返し行なう」ことから、be seeing で「(異性と) お付き合いしている」という意味になります。ですから、
They're seeing each other.
は「彼らは (男女として) 付き合っている」です。

　大切なのは「○○と○○は進行形では使わない」などと暗記をしないことです。その言い方が本当に間違っているとは限らないからです。
　また、少しくらい間違ったとしても相手に意味は問題なく通じます。**言葉は「伝える」ためのツールですから、間違ってでも伝えようとすることが大切です。**
「あれはダメ」「これはダメ」と考えてしまうと、間違いが怖くなり、なかなか口を開けなくなってしまいます。
　ぜひ「○○はダメ」「○○とは言わない」という否定的な覚え方をしないようにしましょう。

You are being nice. の意味、分かりますか？
He is being stupid.
　このような英文を見ると違和感を覚えるかもしれませんが、全くもって正しい英文です。これは次ページのように、be 動詞の文を進行形にしたもの（be 動詞＋ be の ing 形）です。

He is stupid. ➡ **He is being stupid.**

He is stupid.
は「彼はバカだ」という意味ですね。それを進行形にすることで、「一時的にそういう行動をしている」「そういう振りをしている」という意味になります。ですから、
He is being stupid.
は「彼はバカなフリをしている」「彼はわざとおちゃらけている」といった意味になります。

では、ここで問題です。

Q 次の英文はどのように意味が違うでしょうか？

① **You are nice.**
② **You are being nice.**

①は純粋に相手を褒めています。「あなたは優しい／素敵ですね」という意味です。
②は一時的な行為だというニュアンスがありますので、例えば「今日は優しいですね」といった意味になります。日本語でも「今日は」を強調すると「いつもと違うね」とか「下心があるのでは？」といった含みが出ます。それと一緒です。

受動態を進行形にすると？

レストランなどに行くと、次のように質問されるかもしれません。
Are you being served?

これも見慣れないために違和感を覚える人も多いかもしれませんが、
Are you served?
という受身の疑問文を、進行形にしたものです。

この疑問文を、主語をIにして肯定文にすると
I'm being served.
ですね。

serveとは「仕える」という意味です。service（サービス）の動詞形ですね。
進行形を取り除くと
I'm served.
になります。「私は（普段）仕えられている」という意味ですので、「召使いを雇っている」ような響きがあります。

I'm being served.
という進行形にすることで、「一時的に仕えられている」、つまり「給仕されている」という意味になります。ですから、これを疑問文にしたAre you being served? は、平たく言えば「ご注文は承っていますか？」ということですね。

また、お店でよく聞かれるフレーズが
May I help you?
です。

もし既に、別の店員さんとやり取りをしている場合には、例えば
I'm being helped, thank you.

のように答えるとよいでしょう。

動名詞の感覚も進行形と一緒

　動詞の ing 形には「進行形」の他にもう１つの用法があります。「動名詞」と呼ばれるものです。「…すること」という意味の名詞にもなる——と暗記しているかもしれませんが、ぜひ感覚的に捉えてみましょう。

　まずは、以下の２つの英文を比べてみて下さい。

① **I am <u>teaching English</u>.**
② **My job is <u>teaching English</u>.**

　①は be 動詞＋ing 形ですので「現在進行形」に分類されます。teaching English は「英語を教えている状態」を表し、be 動詞の意味は「イコール」ですから、「私＝英語を教えている状態」という意味です。

　②では「私の仕事＝英語を教えている状態（教えること）」だと言っています。こちらの teaching English は「動名詞」に分類されます。

　動名詞は文法的に説明するなら、**ing 形にすることで名詞になり、「…すること」という意味を持つ**と言えます。しかし分類は違えど、どちらも感覚的には同じものに思えませんか？

　実はこれが、ネイティブが ing 形に対して持っているイメージです。ing 形は「（〜している／〜の最中という）状態」を表し

ているだけなのです。

　動名詞の例をもう 2 つほど見てみましょう。

③ **I like <u>making sandwiches</u>.**
④ <u>**Reading books**</u> **is a big part of my life.**

　③は making sandwiches、つまり「サンドイッチを作っている状態」が好きだと言っていますので、「サンドイッチをつくる<u>こと</u>が好きだ」と解釈できますね。

　④は reading books（本を読んでいる状態）、つまり「本を読む<u>こと</u>」が自分の人生の大きな（大事な）部分だと言っています。

　Lesson5（80 ページ）で to 不定詞と ing 形（動名詞）の違いについて解説をしますが、ぜひ ing 形の根底に流れるイメージを忘れないで下さいね。

「命令」ではない「命令文」

　その名前のせいか、いろいろと誤解の多い「命令文」と、「原形」の持つ英語感覚について解説します。

命令文という名前に惑わされてはいけない

Open the window.

　このように言えば「窓を開けなさい」という命令。丁寧に言いたければ

Please open the window.

で「窓を開けて下さい」になる——。

　もしこのように思っているなら、全くの誤解です。
　日本語では「命令」という言葉には強い、重い感じがありますが、英語では感覚が少し違います。「必須／緊急である」ことを伝える形とされていて、単純な指示でも命令形を使います。

　まずは命令文の作り方（構造文法）をしっかりと押さえましょう。命令文を作る時には、文を動詞の原形（活用していない形）で始めます。相手は you に決まっていますから、主語を言う必要はありません。

<u>Open</u> the window.
<u>Run</u>!

　なお、「あなた」を強調したければ、you をつけることも可能です（you を強く発音します）。

Chapter1　様々な時制表現を捉えなおす

You listen to me!（あなた、私の言うことを聞きなさい！）
You go there, and you go over there.
（あなたはそこへ、そしてあなたはあっちに行って。）

　動詞は原形にしますから、be 動詞の場合には be で始めます。

Be quiet.
Be a good boy.（いい子でいてね。）

なぜ原形を使うのか？
　なぜ命令形には現在形ではなく原形を使うのでしょうか？

　まず、現在形は「現在の事実」を表すことを知っておきましょう。英語の動詞は時制を持つと「事実」を表します。つまり、過去形だと「過去の事実」を表すということです。

　具体例を見てみましょう。
I go to school every day.
　であれば「毎日学校に行く」という現在の事実を表します。

She opened the window.
　であれば「彼女が窓を開けた」という過去の事実を表しています。

　それに対して、時制のない原形は「非事実」を表します。要するに「事実ではない」ということです。言い換えれば「実際には行なっていない」、もしくは「まだ行なっていない」ことなどを指します。
　例えば命令形で「窓を開けなさい」と指示する時、「窓を開ける」という動作はまだ行なっていません。この段階では事実

ではないために、非事実を表す原形を使うのです。

また、助動詞（44ページ参照）の後やto不定詞（58ページ参照）などでも原形を使いますが、そこにも「非事実」の感覚は共通しています。

否定の命令文の作り方

否定の命令文を作る時には、Don't（Do not）をつけます。

Don't open your eyes.
Don't move.

be動詞の場合にも同様です。be動詞の否定文をきちんと理解している方なら、Don't...をつけることに違和感があるかもしれませんが、これは例外的なルールだと思って下さい。

Don't be stupid.（バカなことをしないの。）
Don't be sorry.（謝らなくていいよ。）

pleaseをつけても丁寧にはならない？

それでは命令文の「意味」に話を進めましょう。

日本語では「命令」という言葉には、やや乱暴な響きがありますが、英語の命令形は必ずしも乱暴ではありません。

例えば「駅はどこ？」など道を聞かれた時には、命令形で答えるのが一般的です。

Go straight.
Turn left at the next corner.

なお、丁寧に言おうとして please をつける人がいますが、ご注意下さい。please は日本語に訳すなら「お願い！」や「どうぞ」に当たりますが、本質的には「自分が相手にしてほしいこと」を伝える言葉です。

<u>Please</u> go straight.

と言ってしまうと、「<u>お願いだから</u>まっすぐに行って下さい」という意味になり、逆に不自然です。

　また、**相手にとって好ましい、利益があることや、言われた通りにするのが自然なことの場合にも命令形がよく使われます。**

　例えば

Try it.

Look at this.

Have a seat.（座って下さい。）

のような単純な指示は命令形で何ら問題ありません。

　なお、この場合は please をつけると、「どうぞ」と丁寧に勧めるニュアンスになります。

Please have a seat.（どうぞお座り下さい。）

　相手に何かをしてもらいたい場合には、ちょっとしたことな

らば命令形で言えますが、できれば please をつけましょう。
Pass me the salt, please.（お塩を取って下さい。）
Please leave a message.（〈留守番電話で〉伝言をどうぞ。）

なお、相手にわざわざ何かをやってもらう場合や、大きなお願いをする、力関係が上の相手に頼む場合などでは、命令形はふさわしくありません（その場合の表現方法についてはコラム「英語に敬語はあるのか？」（141 ページ）を参照して下さい）。

COLUMN

お店での注文時には必ず please を言おう

飲食店などで注文する時には
A cup of coffee, please.
A hamburger and a coke, please.
のように、礼儀として必ず最後にpleaseをつけるようにしましょう。

日本語では「…を下さい」とまで言わなくても「これとこれ」や商品名だけで通じるかもしれません。それと同じ感覚で、英語でも欲しい物の名前だけを言う人が少なくありません。

please が言えないのは「お願いします」と言えないようなもの。マナーが悪い人という印象を与えてしまいますのでご注意下さい。

Let's は実は強引…？

「私と一緒にしましょう」と言う場合に使えるのが let's です。「let's ＋動詞の原形」のように言います。

Let's go to the park.

　なお、広告などで「レッツ・○○」と動詞ではないもの(例えば商品名)を続けてキャッチフレーズにしている例が見られますが、文法的には正しくありません。

　また、「…しないようにしよう」は、not をつけて「let's not ＋動詞の原形」のように言えばＯＫです。
Let's not speak Japanese in this room.

　let's はもともと let us の略です。let は「(したいように)させる」という意味の動詞であり、文字通りには「私たちに…させなさい」という命令形から来ています。**そのため、「…しよう」と断言している口調になるため、リーダーシップを発揮しているイメージがあります。**
　ですから、Let's...、Let's... などと繰り返すと、ちょっと強引すぎる印象を与える場合もありますのでご注意下さい。

柔らかく提案したい時
　相手の意向を探るような形で「…しませんか？」と提案する場合には Why don't we...? を使うとよいでしょう。
Why don't we go to a Chinese restaurant?

　Why don't we...? は直訳すると「なぜ私たちは…しないの？」という意味ですが、これは反語であり、「…しないの？→…しよう」と提案する意味合いになります。
　疑問の形を取っている分、let's よりも丁寧であり、日本語で「…しない？」「…しませんか？」と聞くのに近いです。

Chapter1 様々な時制表現を捉えなおす

Shall we dance?

　Shall we...?（140 ページ）はやや硬めの表現ですので、特に公式な場などにふさわしいでしょう。日常会話で使うことで、ロマンチックなムードを演出したり、気取った雰囲気を出したりすることも可能です。

COLUMN

質問ではなくなってしまう反語

　疑問文は、常に疑問の意味で使われるわけではありません。例えば日本語でも「どうしてそんなことをしたの？」という表現は「そのようなことをするのはおかしい」と相手を非難するのにも使われます。

　そのような反語的な英語表現で、よく使われるものについて解説します。

●Who knows?

　直訳は「誰が知っているのか？」で、そこから「誰も知らないでしょう」という意味合いになります。日本語でも「そんなこと、一体誰が知っているの？」と言いますよね。

●Why not?

　この言葉には2通りの意味があります。

　1つは文字通り「どうして not なの？」という意味です。

A: I don't eat breakfast.
B: Why not?

「朝食を食べない」という発言を受けて、「どうして食べないの？」と質問しています。

もう1つは、反語的な使い方です。

A: How about going out for lunch?
B: Why not?

go out で「外出する」という意味ですが、for lunch がついているので「昼食を食べに行く」という意味ですね。それを How about...?（…はどう？）のように提案しています。

Why not? は「どうして not だろうか」つまり「(no ではなく) yes だ」という意味になります。Why not? は「もちろん」などと訳されますが、口語的で非常に軽い感じの言葉ですね。ですから、

Sure. Why not?

のように付け加える形で使われることも多いです。他にも

Yes, let's.（うん、そうしよう。）

Sounds good.（いいね。）

など様々な答え方ができます。

●Why don't you...?

先ほど出てきた Why don't we...? に似ていますが、Why don't you...?（なぜあなたは…でないの？）も文字通りに質問することも、反語的に使うこともできます。

Why don't you like him?

これは文字通りに「なぜ彼が好きではないのか？」という質問ですね。

Why don't you come over to my house?

「なぜ…しない」というところから「…したらいいよ」「…しませんか」と相手に勧める意味になります。

COLUMN

come につく over はどういう意味？

come には over という言葉がつく場合が頻繁にあります。「ここに来て」は

Come here.

とも言えますが

Come <u>over</u> here.

のように言うこともできます。

over は「覆う」ようなイメージの単語ですが、そこから「距離があること」を表します。

例えば「そこだよ」と言いたい時に、

There.

と言うのではなく、

<u>Over</u> there.

のように言うことで、例えば道路や川など、何かを越えた向こう側を指すようなニュアンスになります。

〈There.〉　　　　　〈Over there.〉

Come over here. の場合も、微妙なニュアンスの違いですが、over をつけることよって「距離」を意識する場合があります。

距離があるから、そこを移動する「手間」や「努力」などを感じさせるのです。

〈Come here.〉

聞き手

話し手　ここに「来る」という
　　　　ところにフォーカス

〈Come over here.〉

聞き手

距離感や、
移動のための
手間や努力などを
少し意識する

話し手

　come here は単に「ここに来る」ことに焦点を当てています。
　ですから、以下のように over をつけて言う場合には、もしかしたら「(遠いところから来てくれる)相手への配慮の気持ち」も微妙にあるのかもしれません。

Why don't you come over to my house?

Lesson 3

can は「できる」ではない

　can の意味は「できる」だと暗記していませんか？ can という助動詞が持つ二面性と、ネイティブスピーカーが持つ感覚について解説します。

can の後が原形になる意味
I play the piano.

　のように現在形を使うと「私はピアノを弾く」という「現在の事実」を表します。それに対して「ピアノが弾ける」という「可能性」を表現するのが、助動詞の can です。

　それでは can を使った文の作り方を確認していきましょう。まずは肯定文です。

I can play the piano.

　助動詞とは、その名の通り「動詞を助ける言葉」であり、動詞の直前に置きます。**can が時制を持ち（現在形は常に can のまま）、その後に来る動詞は「原形」になります。**

I play the piano.（肯定文）
⬇
I can play the piano.（動詞の前に can をつける。play は原形）

He plays the guitar.（主語が he なので三単現の s がついている）
⬇
He can play the guitar.（動詞の前に can をつけ、動詞は原形に戻す）

ここで、play は原形ですから「非事実」を表しています。

もし play が時制を持っていたら「ピアノを普段から弾く」という現在の事実や、「(いついつに) 弾いた」という過去の事実を表すことになります。**しかし、ここではあくまでも「弾くことができる」と言っているだけであり、「弾く／弾いた」という事実は表していません。**

もちろん、普段から弾いているかもしれませんし、過去に弾いたこともあるでしょう。でも、I can play... が表しているのはあくまでも「弾ける可能性」なのです。「弾けるけどもう二度と弾かない」場合だってあります。過去に一度も弾いたことがないのに、「弾ける」と言い張っているのかもしれません。

この文が表しているのは「事実」ではなくあくまでも「可能性」。だから、非事実を表す原形の play を使うのです。

COLUMN

なぜ助動詞の後ろは動詞の原形になるの？

「助動詞の後の動詞は原形になる」理由をお伝えしておきましょう。

目に見えない「時制の要素」がある、と考えて下さい。時制には「現在」と「過去」の2種類があります。

英語では1つの動詞のカタマリは、時制の要素を1つだけ持ちます。また、最初に出てくる助動詞、もしくは動詞にくっつきます。

He <u>plays</u> the guitar.

play が時制の要素（現在）を持つため、活用して plays になります（主語が三単現でない場合、形は play のまま）。

He can play the guitar.

　play が持っていた時制の要素が can に奪われるため、can が現在形（can のまま）になり、play は原形になります。

時制の要素

He plays the guitar.

時制の要素

He can play the guitar.

can を使った疑問文と否定文

次に、can を使った疑問文の作り方です。主語と助動詞 can を倒置します（なお、会話では語尾のイントネーションを上げて You can play the piano?⤴ と言うだけでも通じます）。

You <u>can</u> play the piano.
⬇
<u>Can</u> you play the piano? （主語と can を倒置する）

また、否定文を作る時には、can の後に not をつけます。can not は省略すると can't になります。なお、省略しない場合は、間にスペースを入れずに cannot と書きます。

He <u>can</u> play the guitar.
⬇
He <u>can't</u> play the guitar. （can の後に not をつける）

can のコアの意味は「可能性」

can を「できる」という意味だと暗記するのではなく、ぜひもう少し正確に理解しておきましょう。

can の本来の意味は「可能性がある」 ことを表します。違う言い方をするなら「やろうと思えばできる」ということです。

なお、can や may、should、must など１語の助動詞には、意味が二面性（２つの意味合い）を持つという特徴があります。つまり、can には「できる」の他にもう１つ押さえておくべき意味合いがあるのです。

Chapter1 様々な時制表現を捉えなおす　47

例えば、次の文はどういう意味でしょうか。
(a) **His story can be true.**

be 動詞を現在形にして
His story is true.
と言えば、「彼の話は本当だ」という意味になります。そこに can がつくことで「彼の話は本当の可能性がある」「(ひょっとすると) 本当かもしれない」という意味になります。

このように、**can の意味には「できる」と「かもしれない」という二面性があります。**ただし、この2つの訳語だけを暗記しても、英語の気持ちが分かるようにはなりません。ぜひ、**can という言葉が持っている「(内に秘めた) 可能性」を感じて下さい。**

他にも例文を見てみましょう。
(b) **I can be wrong.**
(c) **He can run away.**
(d) **France can be very cold in winter.**

(b)について、can がなければ
I am wrong.（私は間違っている。）
ですね。その可能性があるということですから「私が間違っているかもしれない」という訳になります。

(c)は run away（逃げ出す）という可能性があるわけです。日本語に訳すと「彼が逃げ出す可能性だってある」、もしくは「彼は逃げようと思えば逃げられる」でしょうか。

(d)も can がなければ

France is very cold in winter.
　です。その可能性があるのですから、「フランスは冬にとても寒くなる場合がある」ということですね。

　また、**助動詞が表しているのはあくまでも「心的態度」、つまり「発言者が（勝手に）感じていること」に過ぎません。**ですから、実際に事実としてできる（できない）かどうかはまた別の話です。

(e)　**I can swim.**（私、泳げます。）
(f)　**I can't! I'm afraid!**（できないよ。怖いもん！）
(g)　**You can't do it.**（あなたには無理だ。）

　(e)のような発言は、一度も泳いだことのない人が言うこともできます。また、(f)の発言のように実際にはやればできるのに、怖いからという理由で否定することもできます。(g)も単なる決めつけですね。それが心的態度ということです。

　では最後におまけとして、もう2つ例文をお見せします。これらの意味が感覚的に分かると、can がかなり掴めています。

(h)　**This can't be true.**
(i)　**It can't happen.**（happen ＝起こる）

　これは、発言をしている人が「可能性がない」と信じている、ということです。ですから(h)は「これが本当のはずがない」、(i)は「そんなことは起こるはずがない」という意味になります。

can と be able to の使い分け

　さて、can と似て、「できる」ことを表す助動詞に be able to があります。able は ability（能力）の形容詞形ですから「能力がある／できる」という意味です。

　１語で言える can の方が簡単ですので、通常は can が使われます。しかし、そこで敢えて be able to を使うことにより、ちょっと違ったニュアンスが出ます。

　例えば
I <u>can't</u> swim.
I'<u>m not able to</u> swim.
　という２つの表現を比較すると分かりやすいでしょう。

　can't を使った場合、泳げない理由は実に様々です。「カナヅチ」だからかもしれませんし、「腕を骨折している」のかもしれません。もしくは、その場の状況が理由の場合もあります。例えば、「一時的に体調が良くない」のかもしれませんし、「水が冷たすぎる」からかもしれません。
　どんな理由であれ「できない」ことを伝えるのが can't です。

　それに対して be able to を使う場合、スキルや怪我などが原因であり、状況ではないことを強調することになります（だからはロボットが「私には水泳機能はついていない」と言う場合は be able to を使います）。

I can't swim.

I can't swim. / I'm not able to swim.

また、肯定する場合にも、can ではなく敢えて

I'm able to swim.

にすると、able だということを強調した言い方になります。

例えば「口先だけじゃなく、実際に能力があるのだ」という意味かもしれません。もしくは、「前は怪我をしていたけれど、今は治って泳げる」という意味にもなり得ます。

なお、場合によっては can は使えません。例えば、助動詞の will と一緒になった場合、will と can を連続して使うことはできませんので、be able to を使います。

I will be able to speak English fluently by next year.

「来年までに英語が流暢に話せるようになる」という将来の話をしています。

なお、by は「…のそば」を表すことから「…までに」という期限を表します。

⟨by next year⟩

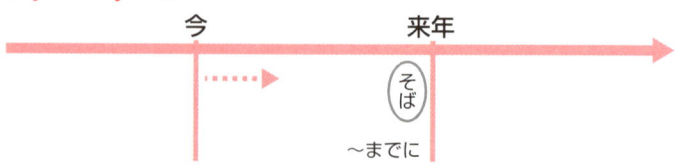

また、untilと混同しないように気をつけて下さい。untilは「…までずっと」という意味で、そこまで継続していることを表します。

⟨until next year⟩

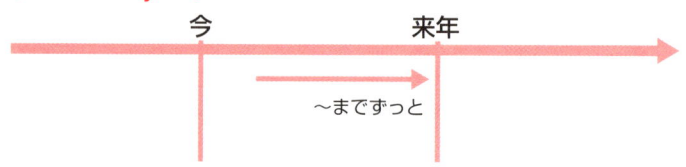

untilを使った例文も挙げておきましょう。
I will stay in London until next year.

「できた」を could と言ってしまっていませんか？
さて問題です。

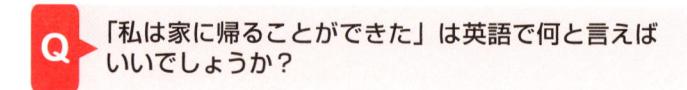

Q 「私は家に帰ることができた」は英語で何と言えばいいでしょうか？

ここでcanを過去形にしてcouldを使う人が少なくありません。しかし、
I could go home.
は「家に帰った」という意味にはなりませんので注意が必要

です。

　canの元々の意味は「可能性がある」でしたね。

I can go home.（可能性がある、やろうと思えばできる）
⬇
I could go home.（可能性があった、やろうと思えばできた）

　つまり、I could go home. は「家に帰ろうと思えば帰れた（実際には帰らなかった）」という反対の意味になるのです。

　では、「家に帰ることができた（実際に家に帰った）」をどう表現すればいいでしょうか？
　一番シンプルな方法は、過去形を使って
I went home.
と言うことです。過去形は「過去の事実」を表すことを思い出して下さい。

　また、単に「した」のではなく「できた」というニュアンスを表現したいのであれば、be able to を過去形にして次のように言えばいいでしょう。
I was able to go home.

　なお、couldを使うと必ず「しなかった」ことになるわけではありません。例えば知覚動詞（see や hear など）を使って
I could see a lot of people from there.
のように言うと「そこからたくさんの人が見られた」という意味に取れます。これは see が「(自然と) 目に入る」「(実際に) 見える」という動作を表すためです。

また、例えば at last（ついに）と一緒に使い、
I could meet her at last.
と言ったらどうでしょうか。「ついに会えた」という意味に取れますよね。

could を使うと「しなかった」になる、というルールがあるのではありません。本来の意味から考えると、「しなかった」と解釈されるケースが多いだけなのです。
暗記してしまうのではなく、ぜひしっかりと can の感覚を感じるようにして下さい。

Can you...? に注意しよう

can は「できる」ですが、Can you...? は「あなたは…できますか？」以外の意味でも使われる場合があります。いくつか例文を見てみましょう。

(a) Can you hear me?
(b) Can you explain?
(c) Can you drink water here?

(a)は「あなたは私の声が聞こえますか？」という意味であり、Yes/No. で答えられる質問です。ここで
Loud and clear.（はっきりと聞こえます。）
なんて答えるとオシャレですね。

(b)は、文字通りに訳すと「あなたは説明できますか？」です。しかし、「できるかどうか」を尋ねている（Yes/No の答えが欲しい）のではなく、「説明してほしい」という気持ちがありま

すね。つまり、Can you...? という言い方は「依頼」の意味でも使われるのです。

日本語でも「ここまで来て下さい」という意味で「ここまで来られる？」という同じような言い方をしますよね。

(c)では、can よりも you に注意して下さい。この you の意味は「あなた」ではありません。「一般論の you」と呼ばれる用法であり、「ここの水は飲めますか？（飲んでも安全ですか？）」という意味になります。

COLUMN

一般論の you

ちょっと考えてみていただきたいことがありますので、問題です。

Q 日本語で「ここの水は飲めますか？」と言う場合の主語は誰でしょうか？

この場合、「水が飲める」は一般論ですから、主語は「不特定」な感じがしますよね。日本語では、そのような場合には主語を省略しますが、英語では基本的に主語を言わなければなりません。**特定できない、一般論としての「みんな」を指す場合に、英語では you を使います。**

we や they じゃダメなのかと思われるかもしれませんが、まず三人称の they を使うと「自分たち」が含まれていない感じがします。その証拠に、

They speak English in Australia.（オーストラリアでは英語が

使われている。）
　というのは、他人事な感じがしますよね。

　また一人称の we を使っても、やはり万人を指している感じはありません。あくまでも自分たちのグループを指す感じになります。
We don't need nuclear power.（私たちには原子力はいりません。）

　しかし、二人称の you にはそのようなニュアンスはなく、「不特定なみんな」を指すことができるのです。
　もう1つだけ例文を見ておきましょう。

What do you call this in English?（これを英語で何と呼びますか？）
　言葉の使い方（モノの呼び方）についての質問ですが、「あなた」がどう呼ぶか、という話ではありませんね。主語は「不特定なみんな」なのです。

COLUMN

can't help 〜ing がなぜ「〜せずにはいられない」なのか？

can を使った慣用句として誰もが暗記させられるのが can't help 〜ing です。

I couldn't help laughing.（笑わずにはいられなかった。）
I can't help it.（仕方がないよ。）

help は「手伝う」や「助ける」という意味なのに、どうして「〜せずにはいられない」「仕方がない」という意味になるのでしょうか？

「手伝う」と「助ける」の根底にあるのは「手出しをする」ことです。「手出しができない」から「止められない／仕方がない」という風に考えてみて下さい。

I couldn't help laughing. であれば「笑うことに対して手出しができなかった」から、「笑わずにはいられなかった」の意味になるのです。

I can't help it. も「そのことに対して手出しができない」から、「（そうなってしまうことに対して）仕方がない」のです。

Lesson 4
to 不定詞の「後から補足する」感覚

　3つの用法を持つと言われる to 不定詞について、その感覚を解説します。

to 不定詞とはそもそも何なのか？
　従来の英文法では、to 不定詞について次のような説明がされます。「to ＋動詞の原形を to 不定詞と呼ぶ。名詞的用法、形容詞的用法、副詞的用法の3つの用法があって……」

　ではここで問題です。

Q ▶ to不定詞とは一体何なのでしょうか？

　to 不定詞が何なのかをそもそも意識したことがない人がほとんどだと思いますが、私だったら以下のように答えます。
「to 不定詞は、日本語の"連用形"と一緒」だと。

　まずは日本語の連用形について振り返ってみましょう。この場での説明に使うだけで、覚える必要はありませんが、「食べる（食う）」の活用表は次ページの通りです。

	未然形	連用形	終止形	連体形	仮定形	命令形
食べる (下一段活用)	食べ (ない)	食べ (ます)	食べる	食べる (時)	食べれ (ば)	食べろ 食べよ
食う (五段活用)	食わ (ない) 食お (う)	食い (ます)	食う	食う (時)	食え (ば)	食え

　左から 2 番目の形が「連用形」ですね。どのように使われるかは実際の例を見た方が早いでしょう。

食べたい
食べ物
食べに行く

「食べたい」では「食べる」＋「たい（したい）」という風に、動詞につながっています。「食べ物」では「食べる」＋「物」という風に名詞につながっています。「食べに行く」では「食べる」＋「に行く」という風に、目的を表す格助詞「に」につながっています。

　単に「したい」ではなく「食べたい」。単に「物」ではなく「食べ物」。単に「行く」ではなく「食べに行く」。**連用形はこのように、その動詞の意味をプラスして、意味をより具体的にします。**

　さて、「食べたい」「食べ物」「食べに行く」の 3 つは、実はそのまま to 不定詞に訳すことができます。

食べたい　　➡　want to eat（名詞的用法）
食べ物　　　➡　something to eat（形容詞的用法）
食べに行く　➡　go to eat（副詞的用法）

　英語は日本語と語順がほぼ逆です。前作『頑張らない英文法』で解説しましたが、日本語はワキ役を先に、英語は主役を先に言います。
「したい（want）」と「食べる（eat）」とでは、「したい」方がより主役に近いですので英語では want を先に言います。その後に、具体的には「食べる」ことなのだという補足を、to 不定詞（to eat）で表現します。

　なお、to 不定詞を様々な用法に分類することは、研究のためには必要かもしれません。しかし、英語を使う人には「これは名詞だ」などという意識はありません。日本語でも「食べたい」の「食べ」は連用形だ、などといちいち考えませんよね。
　大切なのは、to 不定詞は「後から動詞で意味を補足する」という意識を持つことです。

　とはいえ、教科書などでは3つの用法に分かれて解説がされていますので、それに合わせて1つずつ見ていきましょう。

名詞的用法
動詞＋to不定詞
　この用法における代表的な例が want でしょう。
I want to go to Italy someday.
　want だけだと「欲しい」という意味ですが、to 不定詞を伴うことで「…したい」という意味になります。「欲しい」のは

to go to Italy someday、つまり「いつかイタリアに行くこと」です。

　ただし、**ここでいちいち日本語に訳さない（並べ替えない）ように**しましょう。
　日本語では「行きたい」と言いますが、仮に「したい、行く」と言っても意味は問題なく通じます。英語では構造の上でこそtoという単語が間に入りますが、want to goですからまさに「したい、行く」と言っています。
　ですから、わざわざ「行くことがしたい」「行きたい」などと並べ替えて訳すのではなく、英語の語順のままにその意味を感じて下さい。**英語を訳さずに理解することは誰でもできますから。**

　また、敢えて「行くことがしたい」と訳せば、to goの部分は「名詞」になります。ですが、「行きたい」と訳すと、もはや名詞かどうかはよく分かりませんよね。
　ですので、「名詞的用法」という言葉や分類もあまり気にしないことをオススメします。

　さて、need（必要がある）やlike（好む）などはto不定詞を伴ってよく使われます。
He needs to pay 1,000 yen.
　needとまず言い、後から動詞（to pay）で意味を補足していることを感じて下さい。

Mary likes to make songs.
　「好き」だとまず言った後で、具体的にはその内容をto make songsだと補足していますね。

また、want to (do)（※この (do) は「動詞の原形」という意味です）は「want ＋人＋ to (do)」のように間に目的語を取ることで、「〜に…してほしい」という意味になります。
I want him to win.
　want him なので、彼に対して求めています。その内容は to win（勝つ）だと後から補足しています。このように、語順通りに意味を感じましょう。

「まだやっていない」ニュアンスがある
　ちょっと違う視点からも、to 不定詞の意味について考えてみましょう。
　to 不定詞は「to ＋動詞の原形」です（否定の場合には not を to の前につけます）。
　前置詞の to は「矢印」を意味しますので、to 不定詞は「動詞に向かう矢印」だと考えることができます。そして、動詞は「原形」ですから時制を持ちません。時制がない場合は「実際には行なっていない」という非事実を表しましたね（34ページ参照）。
　ですから **to 不定詞が表す動作には「まだやっていない」というニュアンスが出る場合があります。**

　そのように考えると、「…したい」を意味する want to (do) を使う時には、その行為はまだやっていません。既にやっていることであれば、「…したい」とは言わないはずです。
　ですから同様に、まだやっていないことに対してのみ行なえる**「望み」や「お願い」「命令」などを表す動詞は、その後に to 不定詞を取る場合が多いです。**

I hope to see you again soon.
　hope（望む）の内容を後から to see you again soon（すぐ

にまた会う）と補足しています。

I asked him to close the door.
　ask の基本的な意味は「疑問や欲求などを解決するために働きかける」ことです。目的語が him なので、「彼」に対して働きかけています。具体的な働きかけの内容は、to close the door（ドアを閉める）なのだと後から補足しています。

I told him not to go there.
　tell の意味は「(人に)伝える」ことです。tell him ですので、「彼」に伝え、その内容は not to go there（そこに行かない）だと後から補足しています。「tell ＋人＋ to (do)」は「…するように伝える」というところから、「指示」や「命令」というニュアンスが出ます。

to不定詞の名詞化
　to 不定詞は単独で名詞として使われる場合もあります。

My dream is to study art in Paris.
　これで、私の夢は「パリでアートを学ぶこと」だという意味になります。

　ただし、to 不定詞には「…すること」という意味もある、などと覚える必要は、やはりありません。なぜなら、to 不定詞は「連用形」とほぼ同じだからです。
　実は日本語の連用形も、名詞として使われる場合があります。例えば「戦う」（連用形は「戦い（ます）」）であれば「戦い」。「食べる」（連用形は「食べ（ます）」）であれば「遊び食べ」や「三角食べ」。「食う」（連用形は「食い（ます）」）であれば「大食い」

や「早食い」。「学ぶ」の連用形は「学び」ですね。
　英語の to 不定詞が名詞として使われるのは、それと全く同じことなのです。

COLUMN

want を使う時の注意

　want という単語は非常に便利ですが、使いすぎると幼稚に聞こえることがありますので注意が必要です（これはちょっとレベルの高いお話です）。

　want は元々「欠けて／不足している」ことを表します。「ない」からこそ「欲しい」という意味になります。
　日本語でも、「欲しい、欲しい」と連呼するのは、ちょっと子どもっぽい感じがしますよね。それと同様の理由で、want は使いすぎないほうがよいのです。

　では「…したい」と言いたい場合にはどうしたらいいのでしょうか？
　want の代わりによく使われるのが would like という表現です（171 ページ参照）。これは want とほぼ同じように使うことができ、意味的にもやや控えめで上品なニュアンスがあります。

I want a drink. ➡ I would like a drink.
I want to watch this movie. ➡ I would like to watch this movie.

　また、「～に…してほしい」を表す「want ＋人＋ to (do)」を実際に使うとしたら
I want him/her to...（彼／彼女にしてほしいんだ）

のように、第三者に向けて言う場合にほぼ限られます。「あなたにしてほしい」と言いたくて
I want you to...
のように言ってしまうと、かなり偉ぶって聞こえるからです。I would like you to... も直接的な表現のため、依頼ではなく命令や指示に近くなります。相手に何かを頼みたい場合には、Will you...? や Would you...? などの言い方をしたほうがよいでしょう（141 ページ参照）。

× I want you to send this letter.
　➡ Would you send this letter?

形容詞的用法
名詞＋to不定詞
「食べ物」「飲み物」のように、動詞を使って名詞に意味を補足するのがこの用法です。文法的には、名詞を修飾する言葉が「形容詞」ですから、「形容詞的用法」という名前がついています。

「食べ物」には food という単語もありますが、something（何か）を使い、something to eat のように言うことができます（日本語の「何か食べるもの」に近いです）。

something だけだと「何か」ですので漠然としています。そこで to eat や to drink などと補足することで、「食べる何か」「飲む何か」のように具体的に表します。

I have a lot of books to read.
　もし to read がなければ、単に「本をたくさん持っている」

Chapter1　様々な時制表現を捉えなおす　　65

だけです。そこに to read をつけることで「まだ読んでいない」ことになりますので、「読むべき本がたくさんある」という意味に解釈できるのです（これは単なるテクニックですが、「…べき」や「…ための」という言葉を補足すると訳しやすくなる場合があります）。

COLUMN

I have to read... とはどう違う？

なお、I have a lot of <u>books to read</u>. という表現と、have to（しなければならない）を使って

I <u>have to read</u> a lot of books.

のように言った場合とは、どのように意味が違うでしょうか？

確かにどちらも「読まなければならない」ので意味はかなり似ていますが、主眼のあるところが異なります。

to 不定詞を使った場合、to read はあくまでも補足であり、メインの内容は

I have a lot of books.

です。つまり、その「たくさんの本」が自分のなわばりの中に入っています。例えば 10 冊の本が購入済みで既に手元に「ある」のかもしれません。とにかく「ある」ことに主眼が置かれています。

have to を使った場合には、主眼は「読む必要性がある」ことです。その対象が「たくさんの本」ということです。

homeworkやworkなどの名詞もto不定詞をよく伴います。

I have a lot of homework to do.

ここで、どうしてto doが必要なのかと疑問に思うかもしれません。「やるべき宿題」などと言わなくても、「宿題がある」と言えば十分だと思えるかもしれません。

しかし、homeworkは「やる」だけとは限りません。例えば、教師にとってみれば宿題は「出す」ものですからhomework to giveとも言えるでしょう。

また、単に「やる」のではなく、「終わらせる必要がある」ことを強調すればhomework to finishと言えます。また、まだやる必要はないけど、今のうちに「印刷する必要がある」のであればhomework to printです。

このように考えてみると、homeworkだけだとちょっと漠然としていることが分かりますよね。そこで具体的に補足するためにto不定詞が使われるのです。

副詞的用法

目的のto不定詞

to不定詞は「…するために」という目的を表すためにも使われますが、日本語の連用形にもほぼ同じ用法があります。

「食べる」の連用形である「食べ」＋助詞「に」＋「行く」で「食べに行く」と言うと、行く目的が食べることですよね。

それを英語にするとgo to eatとなります。

We went to a Chinese restaurant to eat lunch.

これで「昼食を食べに(食べるために)中華レストランへ行った」という意味になります。

He worked very hard to make money.

make money は「お金を鋳造する」わけではありません（そういう意味でももちろん使えますが）。「お金を生む」ことから「お金を稼ぐ」意味になります。「お金を稼ぐために一生懸命働いた」のです。

　なお、**この用法で注意が必要なのは、to 不定詞が表しているのは非事実であり、あくまでも「目的」を表しているということです。**
　He worked very hard to make money. であれば to make money（お金を稼ぐこと）は目的であり、事実ではありません。**実際にお金を稼ぐことができたかどうかは、この文からは分からないのです。**

　もし、実際にお金を稼ぐことができた、と言いたいのであれば、過去の事実を表す過去形を使いましょう。
He worked very hard and <u>made</u> a lot of money.
　これで「懸命に働き、そして大金を稼いだ」という事実を表すことができます。

He worked very hard to make money.

He worked very hard and made a lot of money.

感情＋to不定詞

　日本語では「彼に会えて嬉しかった」のように言いますが、英語ではまず主役の「嬉しかった」ことから伝えます。そうすると、「彼に会えた」ことは後から補足するため、そこで to 不定詞が使われます。

I was glad <u>to see him</u>.

「嬉しい」は be glad ですね。そして、後から to see him と補足しています。

　なお、この用法の場合には、to 不定詞に「まだしていない」というニュアンスはありません。

I'm surprised to hear the news.

　be surprised で「驚く」という意味です。驚いた原因について to hear the news（その知らせを耳にして）という風に後から補足しています。

　このように感情を表す表現は、to 不定詞を伴うケースが多くあります。他にも sad（悲しい）や happy（嬉しい）、sorry（残念）などの言葉がよく使われます。

I'm sorry to hear that.

「それを聞いて残念だ」、つまり「お気の毒です」に当たる表現です。

COLUMN

sorry はどういう意味？

　I'm sorry. は「ごめんなさい」と謝る時に使う言葉——。そんな風に思っていませんか？

　sorry を辞書で引くと「すまなく思う」「気の毒に思う」「残念に

思う」「後悔する」などの日本語訳が出てきます。

　sorry は sore（痛い）という単語と関係があり、元々は「心が痛む」ことを意味します。

I'm sorry to hear that.

　は「それを聞いて心が痛みます」と残念な気持ちを伝えているのです。

I'm sorry.

　が謝罪の意味になるのは、責任を感じた上で「心が痛む」と伝えているからです。

　なお、I'm sorry. の意味は「謝罪」とは限りません。悲しい知らせを聞いた時に

I'm sorry.

　と言えば「お気の毒です」という意味になります。

COLUMN

なぜ「なりたい（want to be）」は become でなく be を使うのか？

「なりたい」という場合になぜ want to become ではダメなのか、疑問に思ったことはありませんか？

△：I want to become a doctor.

○：I want to be a doctor.

　その理由は、become は「〜になる」という動作もしくは変化を意味するからです。

I want to become a doctor.

　は厳密に言うと「医者になる」という変化を欲することになりま

す。ちょっと意地悪な見方をすれば、医者になった後すぐに辞めてしまっても構わないことになります。

be を使うと be a doctor（I am a doctor.）、つまり「医者という存在であること、医者という仕事に就くこと」を欲している意味になります。「医者になりたい」というのは医者であり続けることを指しますから、be が適切です。

また、to 不定詞には「まだやっていない」というニュアンスがありますから、to be a doctor は「（これから）医者になること」という意味に解釈できますよね。

「頭でっかち」にならないための it 〜 to…構文

先ほど解説したように to 不定詞は名詞として使うことができます。ただし、主語として文頭に持ってきたい場合にはちょっと注意が必要です。

例えば「この川で泳ぐことは危険だ」を英語に直訳すると
To swim in this river is dangerous.
となります。日本人的な感覚ではこれで全く問題なさそうに思えますが、英語のネイティブスピーカーはこういう言い方を避ける傾向があります。**it（仮主語と呼ばれます）を使い、to 不定詞を後ろに持ってきて以下のように言うのが一般的です。**
It's dangerous to swim in this river.

なぜ英語では to 不定詞を後ろに移動させるのでしょうか？
その理由としてよく言われるのは、「頭でっかち」の文を避けるということです。To swim in this river... という語句は主

語として長すぎる、という説明がされます。

しかし、では短ければ良いかというと、確かに許容されやすくはなります。しかし、

To exercise is good.

よりも、やはり it を使った

It's good to exercise.

という表現の方が好まれるのです。

では、なぜ to 不定詞を主語の位置に持ってくることが嫌がられるのでしょうか？

その理由は「主役を先に言いたい」からです。「危険だ」とか「良い」ということを最初に伝えてしまうのが英語らしい考え方なのです。

To swim in this river... を文頭に持ってきてしまうと、なかなか主役にたどり着けません。そこで、仮の主語として it を使い、It's dangerous... のようにまず言ってしまいます。その後に to 不定詞を使って it の内容を補足するのです。

もしかすると、「では To exercise is good. なら短いから問題ないはず」と思われるかもしれません。確かに、短い場合にはその問題はありません。

しかし、**to 不定詞で文を始めると、それが「主語」かどうかが一瞬では判断がつかないのです。**例えば以下の文では、文頭にある to 不定詞は主語ではありません。

To exercise, you need energy.

この to exercise は「運動するために」という意味であり、「副詞的用法」に分類されます。

ですから結論としては、it を主語にして、It's good/

dangerous... のように伝えることが最もシンプルであり、好まれる言い方なのです。

　では次に、なぜ主語に it を使うのでしょうか？
　it は日本語に訳すなら「それ」ですが、前作『頑張らない英文法』で解説しました通り、**話し手と聞き手が共に了解しているものを指し示します**。以前に話題に出てきたものを指す場合もあれば、天気や時間のようなよく分からないものを指す場合もありました。
　そしてもう１つ、**すぐ後から補足することが条件になりますが、指すものがない時にも使うことができるのです。**

It's dangerous...
　と言われたら、聞き手は it が何を指すかが分からないまま、とりあえず「○○が危険だ」と理解します。そして直後の
to swim in this river.
　という to 不定詞を使って「○○」の部分を埋めるのです。

　英語を読んで意味を掴むだけであれば、従来の「it は仮主語で to 以下を指す」という説明でも問題ないかもしれません。
　ですが英語の考え方をしっかりと理解したければ、「主役を先に言う感覚」をぜひ掴んで下さい。to 不定詞で構成される長い主語を後回しにしてでも、主役である「危険だ」ということを先に言いたいのが英語的な発想です。そして後から、to 不定詞で補足するのです。

　また、この構文では to 不定詞の前に「for ＋人」が来る場合があります。
It's difficult <u>for me</u> to get up early.

to 不定詞には主語がありませんので、for を使って表します。for me to get up early で「私にとって（＝私が）朝早く起きること」を意味します。

COLUMN

It's nice for/of you... はどちらも正しい？

さて問題です。

Q ▶ 以下の空欄を埋めて下さい。

It's nice (　　) you to say such a thing.

ここで for を入れたのに、答えは of だと言われ、困惑した経験のある方もいらっしゃるでしょう。「nice の場合には of を使う」などと暗記してしまうのではなく、ぜひ of を使った場合の意味の違いを押さえておきましょう。

まず、for を入れても決して間違いではありません。
It's nice for you to say such a thing.

意味を理解しやすいように並べ替えると（実際にはこうは言いませんが）、
For you to say such a thing is nice.

です。つまり、for you の箇所は to say... の主語になりますから、「あなたがそんなことを言うという行為は素敵だ」という意味になります。

でも、ちょっと考えてみていただきたいのは、「あなたの行動は素敵だ」などと「行動」だけを褒めるでしょうか？

「いい心掛けですね」「優しいですね」などと「その人自身」や「性格」を褒める方が自然ですよね。
　そこで英語では
It's nice <u>of you</u> to say such a thing.
のように、of が登場します。

　これも並び替えてみると（実際にはこうは言いませんが）、
To say such a thing is nice of you.
になります。この of は「一部」であることを表します。例えば、the roof of the house（家の屋根）では roof が house の一部という関係にあります。同様に、nice of you は「nice は you の一部」だということを表します。
　つまり「あなたには素敵なところがある」と、人物（あなた）を褒めているのです（You are nice. と言うのに近いと考えて下さい）。

　もう1つ、of を使っている例文を見ておきましょう。
It's generous of you to pay for everything.
まず「あなたは気前の良い人だ」と褒めていますね。その後に to 不定詞で to pay for everything（全てを支払ってくれる）ということだと補足しています。

　では最後に、for も間違いではないということを示す例もご覧にいれましょう。

It will be nice for you to come and stay.
あなたが来て滞在してくれたならステキなことだ。

「"あなたが来て滞在する"という行為が（実現したら）素敵だ」と言っていますね（助動詞の will については 91 ページ参照）。

もしここで of を入れたなら、「来てくれたなら、あなたは素敵な人だ」というちょっと脅迫めいた発言になってしまうかもしれません。「nice の時には of」などとは決して暗記しないで下さい。それは正しくありませんし、しっかりと英語を感じていただければ、for が良いか of が良いかを判断することは決して難しくありません。

to 不定詞のまとめ

　いろいろな用法に分類がされていますが、to 不定詞で大切なのは「後から補足する」感覚です。

　以下に 8 つの to 不定詞を使った文を並べました。後から補足する感覚を感じながら、語順通りに読んで意味を取ってみて下さい。

I like <u>to play video games</u>. （video games で「テレビゲーム」）
We have a lot of work <u>to do</u>.
She went to the library <u>to study science</u>.
Do you have anything <u>to drink</u>?
It's difficult <u>to play the guitar</u>.
He asked me <u>to help him with his homework</u>.
She wants her son <u>to study hard</u>.
I'm very glad <u>to get this book</u>.

　いかがでしょうか？
　いちいち、これは「何用法だ」などと考える必要はありませんよね。後から補足することが感覚的につかめれば、それで十分なのです。

Chapter1　様々な時制表現を捉えなおす

COLUMN

上達すると訳すのが下手になる!?

　本書でお伝えしている「英語の考え方」や「英語感覚」への理解が深まってくると、おもしろい事象が起こることがあります。特に、受験英語で文法などをしっかりと暗記してきた方から、次のようなお問い合わせをいただきます。

「以前は英語から日本語へすぐに変換できたのですが、最近うまく日本語に訳せないことが増えています」

　まるで「下手になった」ように見えますが、これは非常に良いきざしです。英語を感覚的に掴めている証拠であり、上達の印なのです。
　従来の学校文法が得意な方は、例えば to 不定詞で

It's time to go.

　という英文を見ると「これは形容詞用法だ」と分類して「行くべき時間だ」とすぐに訳すことができるでしょう。それは「この"言葉"の場合にはこう訳せばいい」というパターン認識をしているようなものなのです（そのことに問題は全くありませんし、意味が分かって訳せるのは素晴らしいことです）。

　しかし「英語の感覚」が掴めてくると、英語の意味が「感覚的」に理解できるようになります。例えば絵や映像のような**"イメージ"が頭に入ってくる結果、すぐには訳せなくなるのです**。英文の意味が分かっていないのでは決してありません。頭の中では、

「えーと、これは日本語で一体何と言うんだったかな…？」

　などと考えているのです。これはまるで美味しい料理や感動的な芸術作品を、言葉ではなかなか表せないのに似ています。

　うまく言葉にならない深い世界を味わうこと。それが、英語を感覚的に理解することの本質ではないかと私は思っています。この「日本語にできなくてもどかしい」感覚を味わえるように、本書と前作『頑張らない英文法』をしっかりと読みこんで下さいね。

Chapter 2

時制表現の総仕上げ

Lesson 5

to 不定詞と動名詞の違い

大きく違うことも、ほとんど同じことも

to 不定詞だけでなく、動詞の ing 形（動名詞）も名詞として使われます。

例えば「音楽を聞くのが好きだ」と言う場合、以下のどちらも使うことができます。

I like <u>to listen</u> to music.
I like <u>listening</u> to music.

一体どのように違うのでしょうか？

この違いも微妙なところがあります。場面や状況によっては大きく意味が異なる場合もあれば、ほとんど差異がない場合もあります。そのことを踏まえた上で読み進めて下さい。

まず ing 形は「～している状態」を表しましたね。そこから、「既にしている」響きや、「生き生きとしたニュアンス」を持つ傾向があります。

それに対して to 不定詞は非事実を表し、「まだしていない」というニュアンスを持つ場合も多いです。また、for ＋人＋ to (do) のように「for ＋人」をつけないと主語がないことから、to 不定詞は「一般論」のように響くことがあります。

日本語で似た例を出しましょう。
「ここで<u>寝ている</u>と風邪を引くよ」
「ここで<u>寝る</u>と風邪を引くよ」

この 2 つの日本語は結構ニュアンスが違いますよね。前者の

「ここで寝ていると…」は、実際に寝ている人にしか言えないセリフですが、この「既にしている」響きは ing 形に近いものがあります。

それに対して、後者の「ここで寝ると…」には一般論のような響きがありますが、これが to 不定詞に近いのです。

ここで寝ていると風邪をひくよ　　　ここで寝ると風邪をひくよ

それを踏まえて、次の2つの文を味わってみて下さい。
Smoking is bad for your health.
To smoke is bad for your health. (= It's bad for your health to smoke.)

動名詞の smoking だと「煙草を実際に吸っていること」をイメージします。ですから、敢えて訳し分けるなら「煙草を吸っていると体に悪いよ」に近い響きがあります。

それに対して、to 不定詞を使うと「煙草を吸うことは体に悪いよ」という一般論になるのです。

さて、最初の質問に戻りましょう。I like to listen to music. と I like listening to music. はどのように意味が違うでしょうか？

前者は一般論だと踏まえて訳せば「音楽鑑賞が好き」でしょ

うか。後者は「音楽を聞いているのが好き」。さて、この2つは何が違うと思いますか？

はっきり言って、ほとんど変わらないかもしれません。ですが、ぜひあなた自身の言語感覚を活かして、その違いを感じてみて下さい。

to 不定詞と動名詞の使い分け

動詞によって、その後に来る動詞が to 不定詞になるものと、動名詞になるものがあります。その違いについて解説します。

ただし、解説する前に言っておきたいのですが、**この使い分けがうまくできたところで、残念ながら英語力には大した違いは出ません。**

to 不定詞か動名詞かを選ぶような文法問題が得意でも、英語が話せない人は山ほどいます。ですから、違いにこだわりすぎないことをオススメします。

しかし、**ここが感覚的にちゃんと理解できると英語が非常におもしろくなるポイントでもあります。**ですので、覚えようとするのではなく、ぜひ興味を持って「感じて」下さい。

to不定詞しか取らない動詞

I <u>want</u> to study abroad.
I <u>hope</u> to make more friends.
They <u>decided</u> to take the test.

62ページで「『望み』や『お願い』『命令』などを表す動詞は、その後に to 不定詞を取る場合が多い」とお伝えしました。

意味的に「まだしていない」ことを前提とする動詞は to 不定詞を取る傾向があります。

　私たちは、まだしていないことしか欲したり、望んだりしませんので、want（したい）や hope（望む）、wish（願う）、ask（頼む）、tell（命令する）などは to 不定詞だけを取ります。
　また、decide（決心する）も、決心したタイミングではまだそれをしていませんから、やはり to 不定詞を取ります。

動名詞しか取らない動詞
She <u>finished</u> reading the book.
I <u>gave up</u> cooking.
I <u>enjoy</u> singing karaoke.

　finish は「終える」ですから、当然ながら既にやっているはずです。give up も同様に、「諦める」と言うからには挑戦していたはずです。そのように、**既にやっていることには動名詞が使われる傾向があります。**
　enjoy は直訳すると「楽しむ」ですが、「趣味」に対してよく使う動詞です。singing karaoke（カラオケで歌うこと）を趣味にしているということは、**実際に歌っている場面を生き生きと思い浮かべられるでしょうし、また何度も歌っているはずですよね。**

COLUMN

英語を感覚だけで捉える限界？

　なお、本書で解説している「英語の感覚」にも限界があります。**英語は感覚だけで全てが理解できるものではなく、時には理論や暗**

記も必要なのです。

例えば look forward to（…を楽しみにする）という表現では必ず動名詞になります。

I'm looking forward to <u>seeing</u> you soon.

また、高校英語では postpone（延期する）や mind（気にする）など、動名詞しか取らない動詞がさらに出てきます。
「"楽しみにする"ことや"延期する"ことは"まだやっていない"から to 不定詞では？」「いやいや、既に"している"気になっているから動名詞なのだ…」

それはもはや直感的なものではなく、理由をやや強引に後付けしているに過ぎません。ですから、感覚で掴むよう努力しつつ、分からないものは割り切って暗記する——。そんなバランス感覚もぜひ大切にして下さい。

感覚を先に活かすことにより、暗記すべき事柄の量は圧倒的に減りますから。

動名詞／to不定詞で意味が変わる動詞

stop という動詞は、「やめる、止める」という意味の場合、stop 〜 ing のように動名詞が後ろに来ます。

He stopped <u>drinking</u> from the bottle.

「ボトル（瓶）から直接飲むのをやめた」という意味ですね。
しかし、以下も正しい英語です。一体どういう意味か分かりますか？

He stopped <u>to drink</u> from the bottle.

to drinkのニュアンスは「まだ飲んでいない」。ですからstopは「やめる」という意味ではありません。

He stopped / to drink from the bottle.

のように区切って解釈することになります。stopを自動詞（単独）で使うと「立ち止まる」という意味がありますので、「水を飲むために立ち止まった」ことになります。

He stopped drinking from the bottle.

She stopped to drink from the bottle.

また、rememberやforgetも、to不定詞か動名詞かによって意味が異なります。ただしこれらも丸暗記する必要はなく、to不定詞や動名詞の感覚が掴めていればすんなりと理解できるでしょう。

I remember to say hello to Jack.
I remember saying hello to Jack.

to不定詞には「まだしていない」ニュアンスがありますので、そこから「これからする（すべき）こと」だという意味になります。remember to (do)で「…することを覚えている」ことを表します。

それに対して動名詞には「既にしている」ニュアンスがありますので、to不定詞との対比により、「事実として行なったこと」を表します。remember ～ ingで「～したことを覚えている」と

いう意味になります。

　forget も同様です。forget to (do) で「…することを忘れた(しなかった)」、forget 〜 ing で「〜したことを忘れた」という意味になります。
　ですから
He forgot to have lunch.
　であれば、「昼食を取り忘れた」の意味ですから、何かに夢中だったのかもしれません。それに対して
He forgot having lunch.
　は「昼食を取ったことを忘れた」ことになりますので、認知症などが進んでしまっているのかもしれません。

He forgot to have lunch.　　**He forgot having lunch.**

COLUMN

単なる暗記になってしまわないようにご注意を

　なお、「to 不定詞は未来」で「動名詞は過去」などと説明される場合があります。しかし、**そのような(一部の)結論だけを覚えても、正しい理解はできません。単なる暗記にすり替わってしまうからです。**
　ぜひしっかりとご自分の感覚で感じるようにして下さい。自分の

感覚を使って感じることをしない限り、英語感覚を掴むことはできません。逆に、そのコツを掴めば、英語の世界が一気に変わります。

もう1つ、try の微妙なニュアンスの違いについても取り上げておきましょう。
I <u>tried to open</u> the window.
I <u>tried opening</u> the window.

<u>try to open</u> the windowだと、「窓が開くかどうか分からないので、開けようとする」という意味です。

それに対して、<u>try opening</u> the window は「窓を開けるとどうなるか、試してみる（試しに開けてみる）」ことを表します。例えば家の中が暑い時に、窓を開けることで気温が下がることを期待して、実際に窓を開けて試してみる……などという場合にピッタリですね。

I tried to open the window.

I tried opening the window.

また、「彼に話をしてみるよ」という発言も、to 不定詞と ing 形ではちょっと意味が変わります。

I'll **try to speak** with him.

のように言うならば、「彼と話せるかどうか分からないけど連絡を取ってみる」という感じですね。

I'll **try speaking** with him.

であれば、彼に話すことはできるので、「結果はどうなるか分からないけど話をしてみる」という感じになります。

I'll try to speak with him.　　I'll try speaking with him.

応用編：be to 不定詞も感じれば難しくない

大学受験で出てくることのある文法項目に「be to 不定詞」という構文があります。文法書によると「予定」「運命」「義務・命令」「可能」「意志」などを表すと説明されています。

(a) The meeting **is to be held** next month.（予定）
(b) He **was** never **to play** baseball again.（運命）
(c) You **are to finish** the work by tomorrow.（義務・命令）
(d) The key **was not to be found**.（可能）
(e) If you **are to know** the truth, you must go out of your mind.（意志）

この用法は形式ばった表現であり、書き言葉でしか目にする

ことはないでしょうが、ぜひしっかりと to 不定詞のニュアンスを感じて下さい。**「非事実」であるという感覚、「矢印」を表す to の「向かう」感覚**が、やはりここでも共通しています。感覚的に捉えてみると、暗記は特に不要だと思えるのではないでしょうか。

(a)では「来月会議が開かれる」ことが「非事実」です。「開催に向かっている」、つまり「開催される予定」だと解釈できます。

(b)は「再び野球をする」ことが「非事実」で、never（決して～ない）で否定されています。そこに「決して向かわなかった」わけですから「二度とすることはなかった」と解釈できます。

(c)は「仕事を終わらせる」ことが「非事実」であり、そこに向かっています。期限が示されており、また主語は you ですから、「終わらせ（る方に向かい）なさい」と「命令」しているか、そのような「義務」があると考えられます。

(d)は「見つけられる」ことが「非事実」であり、not で否定されています。ですから、「見つかるところに向かわなかった」、つまり「見つからなかった」ということですね。

(e)は「真実を知る」ことが「非事実」であり、もし（if）あなたがそこに向かうなら…と言っています。つまり「知るところに向かうなら」、もしくは「知りたいなら」という意味だと解釈できますよね。

ちなみに go out of one's mind には「気が狂う」という慣用句的な意味があります。しかし文字通りには mind は「頭脳」ですから、ここでは「頭で（常識的に）考えることから外に出る（やめる）」という意味です。

Lesson 6

未来を表す4つの表現

　将来の予定などの「未来」を表す表現は、英語には4パターンあります。それぞれの使い方や感覚について解説します。

英語には未来形がない

　最初に押さえていただきたいのは、英語には「未来形（未来時制）」はないということです。そもそも時制は「事実」を表しますが、未来のことは事実ではありませんよね。ですから、未来形という時制（動詞の活用）は存在しないのです。

　それでは英語では未来のことをどのように表すのでしょうか。次の4通りの表現方法があります。

● 4つの未来の表現方法

未来表現	例文	特徴・ニュアンスなど
will	I will fly to Osaka next week.	「意志（つもり）」「予測（だろう）」という二面性を持つ
be going to	I'm going to fly to Osaka next week.	物事が進行しているニュアンスがある
現在進行形	I'm flying to Osaka next week.	既にやっている気持ちになっているニュアンスがある
現在形	Tomorrow is my birthday.	事実としてやってくる未来に用いる

　なお、中学校の授業では、will と be going to の2つしか習わない場合も多いです。しかし、実際の日常会話では現在進行

形も頻繁に使われますし、現在形が用いられることもあります。どちらも知っておくべき用法です。

　ただし、**最初にお伝えしておきたいのは、わずかな差でしかない場合も多いので、「これらの差にこだわりすぎるべきではない」ということです。**

　多くの人が、正確に英語を使おうとしがちです。もちろんそれは素晴らしい心がけなのですが、枝葉末節にとらわれすぎてしまうと逆に英語が話せなくなってしまいます。

　オススメの考え方をご紹介します。まず、本書の解説を読んで、それぞれが感覚的にどう違うのかをしっかりと理解しましょう。そして、英語を読んで、実際にどのように使われているのかを味わって下さい。

　それと同時に、自分で英語を話す時には、あまり細かいことにこだわらずに使ってみましょう。時制が少しくらい間違っていても tomorrow などと言えれば「明日」の話だということは間違いなく通じますから。

　それから少しずつ、うまく使い分けられるように意識していきます。また、英語を読む時にはニュアンスの違いを味わい続けて下さい。そうすることで感覚を磨き、経験値を高めていきましょう。

助動詞の will が持つイメージとは？

　まずは助動詞の will から解説します。will のコアにあるイメージは「意志」です（名詞として使うと「意志（の力）」という意味があります）。そこから、「…するつもり」「…する予定」という意味になります。

I will visit Osaka next week.
来週、大阪に行く予定です。

　このように言えば、「来週、大阪を訪れる意志がある」つまり「訪れるつもりだ」という未来を表現できます。
　ただし口語では、will は省略されて 'll になる場合がほとんどです（発音も /l/ の音だけ）。

I'll visit Osaka next week.
来週、大阪に行きます。

「つもり」とか「予定」と言うとちょっと訳しすぎかもしれません。「（これから）…します」という日本語に近い感じです。

　また、例えば
I will buy this.
とお店で言うと「これを買う意志がある（意志が生まれた）」、つまり「これを買います」「これを買おう」という意味になります。**このように will は「その場で決めた／思いついた」ような場合にも使えます。**

COLUMN

「これを下さい」

　なお、店員さんに「これを下さい」と伝える場合、buy はちょっと直接的なので以下のように言うのが普通です。
I'll have this, please.（これを下さい。）
I'll take this, please.（これにします。）

haveは「自分の領域／なわばりにある」ことから「所有する」「食べる」ことを婉曲的に表せます。takeは「手で取ることで、自分の領域／なわばりに入れる」ということから、「(積極的に)選ぶ」ニュアンスが出ます。

　なお、canのところで解説しましたが、助動詞には二面性があることを思い出して下さい。**willには「…だろう」「きっと…する」という「予測」の意味合いもあります。**

He'll come here.
彼はここに来るだろう。

　「彼はここに来るつもりだ」と訳すこともできそうですが、**自分のことではありませんので、彼の意志は推し量ることしかできません。そういう意志があるだろう、「高い可能性で起こるだろう」という推量の気持ちをwillは表します。**
　なお、本当に来るかどうか分からない場合には「…かもしれない」ことを表すmay（124ページ参照）などを使います。

willを強調／否定すると…
　また、willを強調して言うことで「絶対に…する」といった「強い意志」を表現することができます。

I WILL go to Tokyo University.
絶対に東大に行きます。

　willが全て大文字になっているのは強調している印であり、

強く発音します。このように will を強調すると「東大に絶対に入ります」のような強い意志を表します。

I will never forget.
決して忘れません。

never は「決して…ない」ということですから、「決して忘れない」という意志を表します。

I won't tell a lie.
絶対ウソはつきません。

won't は will not の省略形です（発音は「ウォゥン」）。will を否定していますので、won't は「決して…しない」という意味になります。

be going to は「物事が動き出している」

次は be going to です。これは3語のセットで助動詞として機能します。be going to も「予定」や「予測」を表します。

では、
I'm going to visit Osaka next week.
の意味は、will の時とはどのように違うのでしょうか？

be going to を分解して考えてみましょう。まず be going は、現在進行形と同じ形をしています。つまり「行っている／向かっている」意味があると考えられます。

そして、to visit と続きますが、to は「矢印」でしたね。つ

まり、visit という方向（来週大阪を訪問すること）に「今向かっている」ことを表します。

実際に訪問するのは来週のことですが、既にそこに向かっている——つまり、**「物事が動き出している」ニュアンスがある**ということです。例えば、チケットや宿泊などの手配を行なっていたり、大阪での予定を調整していたり、などです。

なお、会話では多くの場合、going to の箇所は省略されて gonna になります。
I'm gonna visit Osaka next week.

will を使った場合にも予定としてある（行く意志がある）のは同じですが、思いついたばかりかもしれませんし、まだ何もしていない可能性もあります。もちろん、いろいろと準備をしている時にももちろん使えますが、will を使うことで「その意志がある」ことを強調することになります（このように2つの似た表現がある場合には、それぞれがうまく住み分けを行ないます。ですので、「この場合にはこうだ」と明確に線を引くことはできません）。

I'll visit Osaka next week.

I'm going to visit Osaka next week.

He is going to come here.
彼はここに来る／ここに向かっている。

　be going to を使うことにより、単なる推測などではなく、彼が「実際にこちらに向かっている」ニュアンスが出ます。

will と be going to の使い分け
　次の２つの例文はどのようにニュアンスが違うでしょうか？
It'll be hot today.
It's gonna be hot today.

　will を使う場合には、例えば天気予報から伝え聞いたまま「今日は暑い」と言っているのかもしれません。will は、将来に関する予測や推測を伝えるのには最も一般的な言い方です。
　それに対して be going to を使う場合には、例えばまだ朝の早い時間なのに、太陽がじりじりと照っているのを肌で感じ、「これは暑くなりそうだ」と予測しているのかもしれません。それが「物事が動き出しているニュアンス」ということです。

　次の例です。
A: Why don't you take some rest?
B: Yes, I will. / Yes, I'm going to.

　some は「漠然と少しある」ことを表しますので、take some rest で「ちょっと休む」ということですね。Why don't you...?（41 ページ参照）と質問していますが、「ちょっと休んだらどう？」という意味合いです。
　まず、それに対して will を使って答えた場合ですが、「今決

めた」ようなニュアンスが出ますので、「はい、そうします」と聞き入れていることになります。

　be going to を使って答えると、物事が動き出しているニュアンス、つまり既にそういう考えがあった／そうしようとしていたことを表します。ですから訳すなら「はい、そのつもりです（でした）」に当たります。

「～しない予定」は be going to がふさわしい

　will と be going to の意味合いが似通うのは、肯定文で使われた場合です。否定文で使われると、大きく意味が異なってきます。

I'm not going to watch this TV program.
I won't watch this TV program.

　be going to を使うと「見ない（見る予定がない）」という意味になります。他の番組を見るか、他のことをするのでしょう。
　それに対して、won't のように言うと、「意志がない」ということから「絶対に見ない」と拒否しているようなニュアンスになります。

過去に「～するつもりだった」はbe going toを使おう

　過去に「～しようとしていた」「つもりだった」と言いたい場合には、be going to を使って表現します。
　will の過去形 would を使って I would... のように言ってしまうと「仮定法」（165ページ参照）の意味合いが強くなるためです。

　例えば「今日は富士山に登るつもりだった」は
I was going to climb Mt. Fuji today.

のように言うといいでしょう。

現在進行形でも未来を表せる

現在進行形で未来を表す用法は中学英語では習いませんが、日常会話では非常によく使われます。

現在進行形が「…している」という進行だけでなく「未来の予定」も表せる……と頭で考えると、複雑で難しく思えるかもしれませんが、「明日の今頃は飛行機に乗っています」のような言い方は日本語でもします。ですから、感覚的に捉えれば難しいことは決してありません。

「既に行なっているような気持ち」や「ワクワクしている気持ち」を感じて下さい。

I'<u>m visiting</u> Osaka next week.
来週は大阪に行っています。

I'<u>m having</u> a date tonight.
今夜はデートなんだ。

このように言えば「来週に大阪を訪問している」様子がありありと目に浮かんでいるかもしれませんし、デートに対してワクワク興奮している様子が想像できます。

なお、**現在進行形を使って未来を表現する場合の注意点は、未来のいつなのかを示す語句が必要になるということです。**そうしないと、現在進行中のことと区別がつかなくなってしまいますよね。

They are playing soccer <u>tomorrow</u>.
彼らは明日サッカーをするんです。

They are playing soccer (<u>now</u>).
彼らは（いま）サッカーをしています。

COLUMN

日本語に訳せない現在進行形

ではここで問題です。

Q What are you doing? はどういう意味でしょうか？

　相手を目の前にして What are you doing? と質問するのであれば「(いま) あなたは何をしているの？」という意味になるでしょう。
　しかし例えば、電話をかけていきなり言ったらどうなるでしょうか。おそらく以下のような会話になります。

A: What are you doing?
B: When? Now?（いつの話？　いまですか？）

　これは時を表す表現がついていないために、いつの話なのかが分からないのです。以下のように、時を明確にすれば意味も明確になります。

What are you doing <u>now</u>?
いま何をしているの？

What are you doing tonight?
今夜は何をしている予定？

　例えば電話越しや扉越しに会話する場合、また、いつの話をしているのか前提がない場合などは、現在進行形を使う際には、いつの話なのかをしっかりと表現するようにしましょう。

現在形でも未来を表す場合がある

　未来を表現するために「現在形」を使う場合もあります。「現在形は現在の事実を表すのでは？」と思われたなら、確かにそれが基本です。しかし、未来のことであっても、現在の事実と同じように確定しているものもありますよね。そのような未来には現在形が使われます。

　例えば
Tomorrow is my birthday.
　という文であれば、明日が誕生日だということは逆立ちしても動かせません。確定している未来ですから、現在形でよいのです。
　逆に will や be going to を使ってみると違和感が出てきます。

Tomorrow will be my birthday.
Tomorrow is going to be my birthday.

　いかがでしょうか。なぜ will を使うのか（どこに意志や推量が入る余地があるのか）疑問に感じませんか？
　be going to を使うとしたら、一体何が起こっているのでしょ

う。誕生日ではない可能性があるのでしょうか？（もしかしたら、明日生まれようとしている赤ん坊がこのように思っているのかもしれませんが）

　また、
I leave Japan tomorrow.
　という例だとどうでしょうか。leave は「（何かをそのままにして）離れる」ことから「去る」「出発する」ことを表します。日本語に訳すなら「明日、日本を離れ／発ちます」でしょう。
　例えば、海外に引っ越すことになっていて、明日出発することが決まっている場面を想像して下さい。そんな状況であれば、単なる「予定」ではなく、明日やってくる「現実」というニュアンスを感じませんか？

結局どれを使えば正しい？

　未来を表すことのできる表現が４種類ある――と言われたら、どれを使えばいいのか迷ってしまいますよね。しかし、「**どれかが正しくて、他は間違っている」という考えはぜひ手放して下さい。**
　もちろん試験問題であれば、正しいものを選ばないと×になってしまうかもしれません。ですが言語というものは「正しい／間違っている」という枠では捉えきれません。

　大切なのは「自分の気持ちを一番表せるものを選べるようになる」ことではないでしょうか。ですから、選んで使えるように、まずは表現の違いをしっかりと理解しましょう。また、実際にどのように使われているかを味わうことも重要です。
　そして自分で使ってみて、うまく使えるかどうか、また選ん

だ表現できちんと通じるかどうかを試してみることも大切です。

しかし先ほどもお伝えしましたが、**正しさを意識しすぎると、良い結果は生みません**。まずは「えいやっ」と使ってみることです。そして、より気持ちを表せるもの、より正しく内容を伝えられるものが選べるように試行錯誤しながら経験値を高めていきましょう。

COLUMN

if it will rain... がなぜダメなのか？

では問題です。

Q ▶ 次の日本語を英語にして下さい。

「もし明日雨が降ったら、家にいる予定です」

「もし…」という条件を表すのには、従属接続詞の if を使います。
模範解答は次の通りです。
I will stay home if it rains tomorrow.

なお、
If it rains tomorrow, I will stay home.
という語順でもOKですが、if を後ろに持ってきたほうが自然だということは前作『頑張らない英文法』で解説した通りです。

さてここで if it <u>will</u> rain tomorrow... のように考えた人もいるかもしれませんが、will は不要です。なお、「条件の副詞節の中では未

来のことでも現在形を用いる……」などと説明されることがありますが、英語感覚を感じられればそんな暗記は必要ありません。

　ここで現在形を使う理由は単純です。「**もし明日雨が降ったら**」**という文で言いたいのは、「明日になって、事実として雨が降っていたら」ということですよね。ですから、事実を表す現在形を使うのです。**

　では、もし will を使うとどういう意味になるのでしょうか？
　助動詞が「心的態度」を表すことを思い出して下さい。will は現在形なので「現在の心的態度」を表します。
If it will rain tomorrow...
　このように言ったなら、「もし、明日雨が降る可能性が（今の時点で）高いなら…」という意味になります。

　ですから例えば以下のような例だと、will を使えます。
I will go there today if it <u>will</u> rain tomorrow.
　これで「明日雨が降る可能性が高いなら、今日のうちにそこへ行っておこう」という意味になります。ただし、ちょっと紛らわしいですから、be going to の方が好まれます。
I will go there today if it<u>'s going to</u> rain tomorrow.

Lesson 7

現在完了形の真実

「経験」「継続」「完了・結果」など、日本語の感覚からは分かりづらい現在完了形について解説します。

現在完了形の基本から押さえよう

中学3年生で習う、英文法の大きな山の1つが現在完了形です。

現在完了形には「経験」「継続」「完了・結果」の3つの用法があり、already（既に）がつくと「完了」で、once（一度）やever（かつて）がつくと「経験」——。そのように習っているかもしれませんが、再整理をしてみましょう。

意味的な説明をする前に、まずは構造文法から押さえましょう。**現在完了形は「助動詞の have ＋動詞の過去分詞」です。**
He <u>has finished</u> his homework.

疑問文にする時は、助動詞の have を主語と倒置します。
<u>Has</u> he <u>finished</u> his homework?

否定文は、助動詞 have の後ろに not をつけます。
He <u>has not finished</u> his homework.

現在完了形の意味

それではこれから、完了形の意味について深く見ていきましょう。現在完了形で「have ＋過去分詞」を使うことにはちゃんと意味があります。

過去分詞は「受身」でも使われますが、名前の通り「過去」も意

味します。have は「持っている」ですから、「…したという過去を（いま）持っている」ことを表します。

まずは感じてみよう

「○○用法は…」などと説明するよりも、実際の例文で意味を感じてみましょう。

I have broken my right arm.

ではちょっと考えてみて下さい。

Q　「右腕の骨を折った」という過去を「いま持っている」とはどういう意味になるでしょうか？

まずは「過去に『骨を折った』まま、いまも『折れた腕』を持っている」、つまり「骨が折れたまま」という解釈が可能です。

〈解釈その１〉
過去に「骨を折った」まま、いまも「折れた腕」を持っている

| 過去 | 過去のある時点 | 現在 | 未来 |

have

継続中

broken my right arm

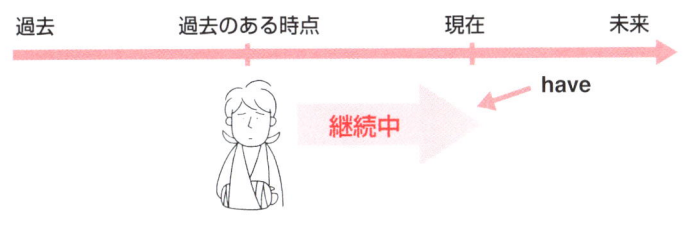

そして「過去に『骨を折った』という『経験』をいま持っている」、つまり「昔、骨を折ったことがある」という解釈もできます。

〈解釈その2〉
過去に「骨を折った」という「経験」をいま持っている

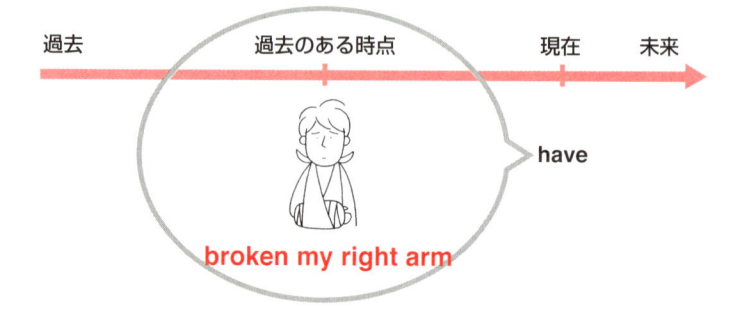

過去　　　過去のある時点　　　現在　　未来

have
broken my right arm

　このように2通りの意味で解釈できそうですが、I have broken my right arm. とだけ言った場合には、「いまも折れたままだ」と解釈するのが自然でしょう。「経験がある」と敢えて伝えたい時には、once（1度）や twice（2度）、〜 times（〜回）、before（以前）などの言葉をつけることが多いです。

I have broken my right arm <u>three times</u>.
　このように「3回」だと言えば、経験があるという解釈のみが可能になります。

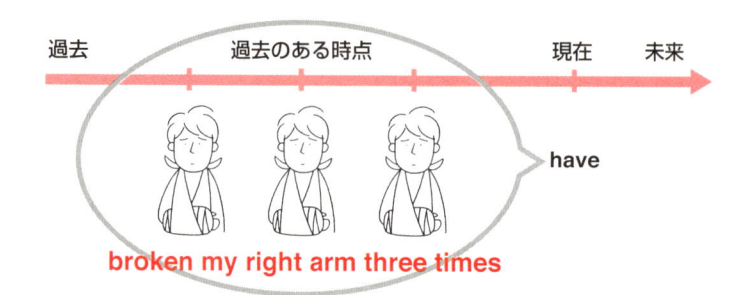

過去　　　過去のある時点　　　現在　　未来

have
broken my right arm three times

ではもう１つ、
She has read this book.
を例に、現在完了形の意味をもっと感じてみましょう。

Q 「この本を読んだ」という過去を「いま持っている」とは、どういう意味になるでしょうか？

まずは先ほども出てきた「経験」、つまり「読んだことがある」という解釈ですね。
特に before などの言葉を加えると「経験」を表すことが明確になります。
She has read this book before.

また、「読んだ」という過去を持っているということから、「もう読んだ（読み終わった）」という解釈もできますね。このような「完了」の意味合いの場合には already や yet（疑問文の場合）などの言葉を加えることもあります。
She has already read this book.

　疑問文を感じてみよう
次に疑問文です。「あなたは骨を折ったことがありますか？」は何と言えばいいでしょうか？

模範解答は

Have you broken your arm?

です。

目の前にいる人に、Have you broken your arm?と尋ねた時、普通は「経験」の意味にしか取れません。もちろん、相手が腕に包帯を巻いていたならば話は別ですが。

なお、

Have you <u>ever</u> broken your arm?

のように答えた方もいらっしゃるでしょう。それも正解です。everをつけることで、「経験」を尋ねていると明示できます。

ただし、経験の話だと明らかな時にeverを敢えてつけると、そこを特に強調することになります。そうすると「あなたはこれまでに一度でも○○したことがありますか？」のようなちょっと特殊な響きがします。

では、主語がyouではなく、その場にいないheだったらどうなるでしょうか？

Has he broken his arm?

このように聞くと、おそらく「彼は腕を折ったの？」、つまり「いま折れている」という意味に取られるでしょう。「経験」の意味にも解釈できますが、そのように明示するためには ever や before をつけて、

Has he <u>ever</u> broken his arm?
Has he broken his arm <u>before</u>?

のように言うとよいでしょう。

COLUMN

過去にも未来にも使える ever

ever を辞書で調べると「かつて、これまでに」という日本語訳が載っています。しかし、ever は過去だけでなく、未来などにも使うことができます。ever のコアは「どんな時でも」という意味であり、「任意の時点」を表します。

〈ever〉

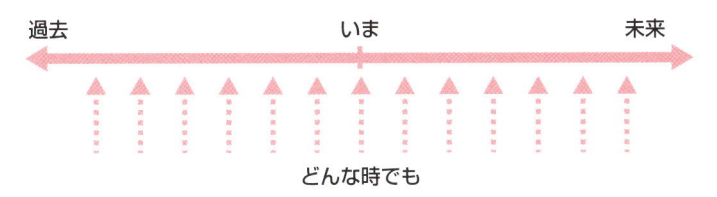

過去　　　　　　　　　いま　　　　　　　　　未来

どんな時でも

過去について「どんな時でも」と言えば「かつて、これまでに」という意味になりますよね。

ちなみに forever は「永遠」を意味しますが、それは次ページの図のように for が「範囲」を表すからです。

⟨forever⟩

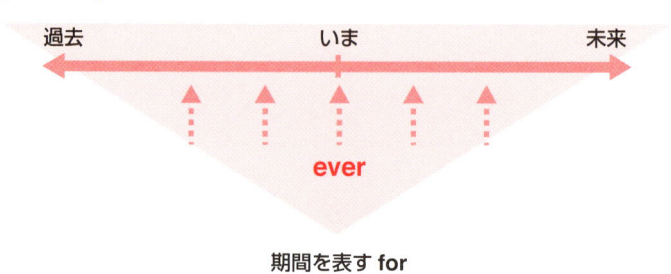

過去　　　　　いま　　　　　未来

ever

期間を表す for

否定文を感じてみよう

そして、否定文です。

She has read this book.

を否定するとどのようになるでしょうか？

ここで、

She doesn't have...

のように考えてしまう人がいるかもしれませんが、この have/has は一般動詞ではなく助動詞です。ですから、後ろに not をつけるだけでOKです。

She has<u>n't</u> read this book.

こうすると「読んだ」という過去を「いま持っていない」わけですから「まだ読んでいない」という「(未)完了」と「読んだことがない」という「(未)経験」のどちらにも解釈できます。

ここで「まだ」を意味する yet をつけると、「完了」していないことが明らかになります。

She has<u>n't</u> read this book <u>yet</u>.

　またnotの代わりにneverをつけると「経験」がないことを明示できます。
She has <u>never</u> read this book.
　ちなみにneverはnot＋everの意味合いですね。「どんな時でもない」ことから「決して…ない」ことになります。

　また、以下のような言い方もあります。
She has<u>n't read</u> this book <u>for 10 years</u>.
「10年間、読んでない過去がある」ということから「いままで10年間読まなかった」という「継続」の意味になります。

３つの用法をどう見分ければいいですか？
　英語学習者で時々こういう質問をする人がいらっしゃいます。
「現在完了の３つの用法をどう見分ければいいですか？」

　答えはもうお分かりですね。**見分ける必要などありません。**
　全ては「…したという過去をいま持っている」という曖昧なところから派生しているだけです。「この単語があるから○○用法」などと見分けようとするのではなく、意味をただ感じて下さい（もし感じようとせずに、見分け方を暗記しようとすると、逆に難しくなってしまいます）。

　なお、学校文法では「経験」「継続」「完了・結果」の３つに分類して解説が行われます。ですので、本書もそれに従って３パターンに分けてもっと詳しく見ていきましょう。そして、どんな意味で使われているのか、どんな感覚なのかを感じていきましょう。

「経験」の用法

「過去にした経験をいま持っている」というこの用法は、比較的分かりやすいものでしょう。

John has eaten sushi <u>three times</u>.
「3回お寿司を食べたことがある」ということですね。

COLUMN

なぜ time に「…回」という意味があるのか？

ところで time という言葉に「…回」という意味があるのはなぜだか分かりますか？
time は「時間」の意味で、以下の図のような「時間の矢」を表しています。

⟨time⟩

| 過去 | | 現在 | 未来 |

「…回」と言う場合には、「1回」が a time です。それはつまり「短い時間の矢」なのです。
日本語でも「…したことがある」を、(東北辺りの) 方言で「…した時がある」と言います。これはまさに、英語と同じ考え方です。
「…回」=「短い時 (時間の矢)」であり、次ページの図のように「時間」と「回」は同じものです。だから同じ time という単語で表現するのです。

〈「〜回」の time〉

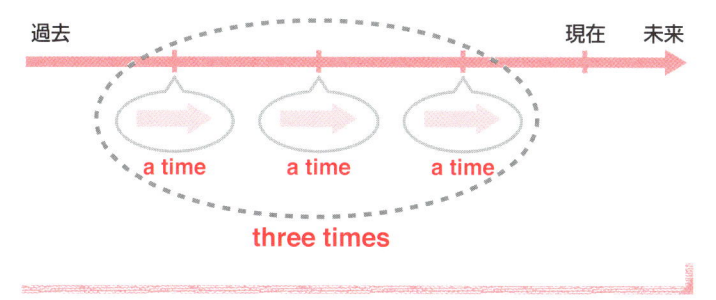

過去 ─────── 現在 未来
         a time a time a time
              three times

　次の例文は「イタリアに2回行ったことがある」です。
I have <u>been</u> to Italy twice.

　ここで、なぜ「行く」なのに go（gone）ではないのかと疑問に思う人も多いでしょう。

　go には「行く」だけでなく、「行ってしまう（戻ってこない）」という意味合いもあります。例えば go bad は「腐る」の意味で使います。また、
Easy come, easy go.
は「悪銭身につかず」であり、この go は「なくなる」という意味です。ですから **have gone は「行ったことがある」ではなく、「行ってしまった過去がいまもある」、つまり「行ったまま、いまもそこにいる」と解釈されます。**
　そのため、「行ったことがある」を表現するためには be で代用します。「行く (go)」ことをしない限り「いる (be)」ことはできません。ですから「いたことがある」と言えば論理的にも「行ったことがある」ことになります。なお、

I go to Italy.

とは言えますが、

× I am to taly.

とは言えません。I have been to... という表現は、あくまでも go の代わりに be を使っていると考えて下さい。

COLUMN

I have been in... はどういうニュアンス？

be 動詞を使ったら

I am in Italy.

と言うのだから

I have been in Italy.

とは言えないの？

もしそのように思ったなら、あなたは相当鋭いです。

前置詞に to ではなく in を使うことも可能です。その場合には、「行った」ではなく「長くいた」というニュアンスが強くなります。

I have been in Italy for a long time.

「継続」の用法

次に「継続」用法に行きましょう。「…した過去をいまもずっと持っている」ことから「継続」している、という解釈も比較的分かりやすいでしょう。特に for や since などの単語を伴って「期間」を表します。

We have been good friends <u>since high school</u>.

We are good friends.（良い友達だ）を完了形にしています。since は「…以来」と訳されますが、時間の「起点」を表します。from も「起点」を表しますが、**since は「時間の起点」であり「現在まで」を表します。**

ちなみに from は「起点」のみを表しますので、「…まで」と言いたい時には to を使います（例：from Sapporo to Tokyo）。

なお、since は接続詞としても使うことができます（後ろは文の形になります）。
I have lived in Nagoya <u>since I was 12 years old</u>.

このように言えば「12歳の時からいままでずっと」という意味になります。

また、期間を表す for もよく使われます。
I have lived in Nagoya <u>for five years</u>.

ただし、このように for を使う場合にはちょっと注意が必要です。先ほどのように since を使えば「いままで」という意味が含まれます。しかし、for はあくまでも「期間」を言うだけですので、意味的に2通りの解釈ができます。

1つは、sinceを使った時と同様に「これまで5年間継続して住んでいる」という意味合いです。

〈I have lived in Nagoya for five years. の解釈1〉

過去　　　5年前　　　　　　現在　　　　　未来

lived in Nagoya

have

5年間継続中

for five years

　もう1つは、「過去に5年間住んだ経験を持っている」という、継続と経験を両方合わせた意味合いです。

〈I have lived in Nagoya for five years. の解釈2〉

過去　どこかの時点　　　　現在　　　　　未来

lived in Nagoya

have

5年継続した過去

for five years

　多くの場合、状況からどちらか判断がつくでしょう。
　例えば、名古屋に住んでいるとします。近所の人にI have lived in Nagoya for five years. と言ったなら、明らかに「これまでの5年間」を指します。また、大阪に住んでいる時に近所の人に言ったなら、「5年住んだ経験がある」ことになるでしょう。

なお、状況から判断できるのでなければ、そのような曖昧な言い方はしないのが普通です。では、状況に任せるのではなく、はっきりと言いたい場合にはどうすればいいでしょうか？

　まず、「これまでずっと継続している」と伝えたい場合には、進行形を組み合わせて「have been ～ ing」にします。
I <u>have been living</u> in Nagoya <u>for five years</u>.
　これでI am living ＋ I have lived ＋ for five yearsですから、「いまも継続して5年間住んでいる」という意味になります。

　次に「5年住んだのは過去だ」と言いたい場合、これは簡単です。過去形を使います。
I <u>lived</u> in Nagoya <u>for five years</u>.
　過去形は「過去の事実」を表します。ですからこれで「過去に5年間名古屋に住んだ」という意味です。

「完了・結果」の用法

　現在完了形の中で、一番誤解されやすいのがこの「完了・結果」の用法です。

I have already finished my homework.
　これで「既に宿題を終わらせた」ことを表します。
　でもここで「昨日既に終わらせた」と言いたくなるかもしれません。
× I <u>have</u> already <u>finished</u> my homework <u>yesterday</u>.
　しかし、この言い方はできません。**現在完了形は yesterday（昨日）、～ ago（～前）、when ～（～の時）のような過去の時を表す表現と一緒に使うことはできません。**

その理由はシンプルで、have が現在形だからです。「過去にしたことを<u>いま持っている</u>」のが現在完了形ですから、yesterday などがつくのはおかしいのです。

もし、「昨日既に終わらせた」と言いたければ、過去形を使って次のように言いましょう。

I already <u>finished</u> my homework <u>yesterday</u>.

では、過去形と現在完了形では意味がどのように違うのでしょうか？

過去形は「過去の事実」を表しますので、「<u>昨日終わらせた</u>」という過去の話をしています。

それに対して現在完了形の I <u>have already finished</u> my homework. は「いま終わっている」という現在の話です。**現在完了形の大きな特徴は「過去と現在の２つの話を一緒に表す」**ことです。その上で、have が現在形ですから、現在に焦点が当たっています。「過去に終えた」結果として、**現在に焦点を当てて「いま○○だ」**という何かを匂わす、それが現在完了形です。

例えば、宿題を既に終わらせたから「もう自由に遊べる」、もしくは「もう心配する必要がない」。そういった気持ちを前後関係から感じて下さい。

alreadyとyetの感覚

なお、否定文にする時には already は使いません。日本語でも「<u>もう既に終わっていない</u>」とは言いませんよね。「<u>まだ終わっていない</u>」と言うはずです。英語でも同様に「まだ」を表す yet を使います。

I <u>haven't finished</u> my homework <u>yet</u>.

また、疑問文で「もう終わったの？」と聞く時には、ちょっとした言葉の使い方に気をつけて下さい。
Have you <u>already</u> finished your homework?
　alreadyは「もう既に」ですから「もう既に終わってしまったの？」という意味になります。つまり、「既に終わった」という答えを期待した質問、もしくは、質問というよりも既に終わっていることへの驚きを表すことになります。

　ではどのように言えばいいかというと、2通りあります。
　1つは何もつけないことです。
Have you finished your homework?
　常識的に考えて、「宿題を終わらせたことがありますか？」という「経験」の意味には取らないでしょう。

　「完了」だと明示したい場合には yet を使います。
Have you finished your homework <u>yet</u>?
　「yetは否定文だと『まだ』、疑問文だと『もう』という意味になる……」と暗記する人がいますが、それよりもぜひ感じて下さい。**日本語でも「まだ終わったの？」とは言いませんが、「まだ？」とは言います。**「ご飯まだ？」のように。
　ですから「宿題終わるの、まだ？」という日本語に近いと考えて下さい。

　そうすると、yetをつけることで「**催促するようなニュアンス**」**が出る場合があることも**自然とお分かりでしょう。
Have you finished your homework?
　と言えば済むところで、敢えて yet をつけることで「まだですか？」と催促することができます。

Have you finished your homework yet?

「もう…した？」は Have you ... yet? と言えばよい、などと暗記するのは、こういった感覚に目を向けないことになりますので、非常にもったいないと言えます。

「ちょうどした」と言いたい時の注意事項

さらに例文を見てみましょう。
I have just read this book.

just は「ちょうど」ということですね。「ちょうど読んだばかりだ」という意味になります（この用法を「完了」ではなく「近い過去」を表していると分類する場合もあります）。

例えば、「○○というマンガ家を知ってる？」と尋ねられた時に、その人の本を取り出しながら次のように言ったとします。
I have just read this book.

なんか「ホヤホヤ感」が感じられませんか？（できたてホヤホヤの「ホヤホヤ」です）

このように現在完了形を使うということは、現在にフォーカスしています。ですから、例えば「内容を覚えている」「まだ感動が残っている」など現在についての含みが伝わります。

では、過去形で
I just read this book.

と言うのとはどのように違うのでしょうか？

前作『頑張らない英文法』で解説しましたが、過去形は「時を表す言葉」をつけるか、「いつ」なのかが暗黙的に分かる必要があります。

ですから、

I just read this book <u>last week</u>.

などのように、いつなのかを伝えるのが普通です。

過去形が伝えるのは「過去に読んだ」という事実です。ですから、もしくは…

I <u>just read</u> this book and <u>thought</u> we must do something.

「ちょうどこの本を読んだ」そして「何かをしなければならないと思った」という風に、過去にフォーカスし、出来事や事実などを伝えるのに向いています。

そもそも「I have just read this book. と I just read this book. はどう違う？」という風に並列に並べられるものではありません。使う場面が基本的に違うのです。

COLUMN

just のコアは「ピッタリ」

I just read this book.

は、さらに違う意味にも解釈できます。例えば「読むだけ読んだ」（only に近いです）とか「つべこべ言わずに読んだ」といった意味です。

just のコアにあるのは「ピッタリ合っている」という感覚。

そこからどうして「…だけ」という意味につながるかというと、「ちょうど」という場合には数が少ないことが多いからです。

例えば「3 個」と「592 個」なら、3 個の方がピッタリ合わせやすいですよね。

また、ピッタリとは「余計なことをしない」ことにも派生します。

ですから「つべこべ言わずに」というニュアンスも出ます。
Just go!
　と言えば「つべこべ言わずに行け！」という意味です。

Lesson 8

様々な助動詞の
イメージと使い方

　Lesson3 では can、Lesson6 では will と be going to を取り上げました。ここではそれ以外の重要な助動詞について解説します。

助動詞が表す「心的態度」

　can や will のところで、助動詞は「心的態度」を表すと書きました。そのことについて、もう少し詳しく触れておきましょう。

　現在形や過去形を使う時には、「その動作・行為などが実際に起こっている／起こったという<u>事実</u>」が伝わります。それに対して、**助動詞を使う時には、後ろにくる動詞は原形になり、その（非事実の）動作・行為などに対する話者の「判断」や「態度」を伝える**ことになります。

　例えば can なら、それが「可能である」こと、もしくは「事実かもしれない」ことを意味します。will ならば「行なう意志がある」ことや「事実になる可能性が高い」ことを表します。

　代表的な助動詞には次ページのものがあります。

Chapter2　時制表現の総仕上げ　123

助動詞	日本語訳
can（Lesson3）	…できる、…かもしれない
be able to（Lesson3）	…できる
will（Lesson6）	…するつもり、きっと…する
be going to（Lesson6）	…する予定である
may	…かもしれない、…してもよい
must	…しなければならない、…に違いない
have to	…しなければならない
should	…すべき、…のはず

「かもしれない」と「してもよい」の may

may には「かもしれない」と「してもよい」という 2 つの意味がある……と丸暗記する必要はありません。二面性を持つ may をコアの感覚からしっかりと理解しましょう。

mayのコアにある感覚

may のコアは「選択の余地」を表し、「選択の余地を与える」こと、もしくは「選択の余地がある」ことを意味します。例えば

You may come.

は、「来るという選択の余地を与える」、つまり「来てもよい」と許可を与えることになります。

また、「来てもよい」と言われた人は選択の余地を持ちます。その結果、来るかもしれないし、来ないかもしれません。ですから may には「かもしれない」という意味もあるのです。

He may come.（彼は来るかもしれない。）

He may come.

　ただし、**ニュアンスとしては「50対50（フィフティー・フィフティー）」です。**「する」50％と「しない」50％の、前者にフォーカスしているということです。

　例えば、道端で見かけた女性がアスリート（スポーツ選手）みたいだったという時には、次のように言えます。
She may be an athlete.

　また、否定文で may not にすると、やはり2種類の意味を持ちます。
　1つは「許可」の反対（選択の余地を与えない）ですから「不許可」です。
You may not come.
「来てはいけない」という意味ですね。

　もう1つは「…（では）ないかもしれない」という意味です。
She may not come.
　これは「しない」ほうの50％にフォーカスしています。なお、「来ないかもしれない」というのは心的態度に過ぎませんので、結果として来るかもしれません。

Chapter2　時制表現の総仕上げ　　125

もし、高い確率で来ないと思う場合には、
She probably won't come.
などのように言うといいでしょう。

許可のmayに関する注意点

may を「許可」の意味で他人に対して You may... などと使うことはあまり多くありません。例えば「親子」や「主人と召使い」など、何らかの力関係がある場合に限られるからです。

　許可の意味で一番使う表現は May I...?（…してもよいですか？）です。なお、May I...? はややへりくだる感じのある、非常に丁寧な表現です

（そのため、日常会話では Can I...? がよく使われます。文字通りには「私に…できますか？」ということですが、そこから転じて「…してもいいですか？」という意味で使われます）。

May I use the bathroom?
　これは誰かの家にお邪魔している時に「トイレを借りてもいいですか？」と尋ねる表現です。
　the bathroom は文字通りにはお風呂ですが、トイレを指します。欧米ではお風呂（シャワー）とトイレが一緒になっている場合が多いので、このような言い方をします。日本語でも「お手洗い」のように遠回しに言いますよね。他にも the restroom（休憩室）とも呼びます（なお、イギリス英語では the toilet と言います）。
　また、動詞にも注意して下さい。「借りる」を直訳して borrow と言いたくなりますが、「借りて<u>持って帰る</u>」のが borrow です。一時的に借りて使うことは use と表現します。

COLUMN

お金持ちに対して the bathroom はダメ？

些細な違いですが、the bathroom ではなく、a bathroom と言うこともできます。
May I use a bathroom?

the のコアは「（何を指しているか）分かるでしょ？」ということでした（『頑張らない英文法』をご参照下さい）。家の中で the bathroom と言ってお互いに通じるということは、「トイレが1つだけある」前提になります。

それに対して a bathroom と言うと、「トイレがいくつかあるうちの、任意の1つ（おそらく一番近いもの）」を指します。

ですから、お金持ちそうな人の家や、広い家にお邪魔した時には the ではなく a を使って言う方が無難です。the bathroom と言ってしまうと、「1つしかないトイレを借りてもいいですか？」という失礼な発言になる可能性があるからです。

また、お店などでもよく使われる表現に
May I help you?
があります。「お手伝いしてもよいですか？」ということですが、実際には「お手伝いしましょうか？」と申し出る感じで使われます。

例えば、道端で困っていそうな人に対しても May/Can I help you? のように申し出ると良いでしょう。

mayの過去形might

mayの過去形はmightです。mightにすることで「もしかしたら…かもしれない」という、mayを弱くした意味合いになります。

It may rain tonight. ➡ **It might rain tonight.**

mayを使うと「降るかもしれないし、降らないかもしれない」ですね。mightにすることで「もしかしたら降るかも」くらいの意味になります。

ところで、なぜ過去形にすることで、意味が弱まるのでしょうか？

実は日本語でも同じです。意見を伝える時に「私は○○だと思う」と「私は○○だと思った」だと、過去形の方が響きが柔らかいですよね。

COLUMN

maybeは「たぶん」よりも可能性が低い

A: **Do you think he will come?**
B: **Maybe.**

このmaybeはなかなか日本語に訳しづらいものです。「たぶん」に近いのですが、あくまでも「50対50」なのです。

日本語の「たぶん」は「多分にある」、つまり「来る可能性の方が高い」という意味です。それに一番近い英単語はprobably（たぶん、おそらく）です。

Maybe. という答えを敢えて訳すなら「さあ、どうだろうね」「そうかもね」といったところでしょうか。

「しなければならない」を表す２つの助動詞

have to と must はどちらも「…しなければならない」という意味だと習うかもしれません。大体はそれで問題ないことが多いのですが、ではなぜ must には「…に違いない」という意味もあるのでしょうか。

ニュアンスの違いを理解するためにも、その感覚をしっかりと感じてみましょう。

have toとmustの違いとは？

I <u>have to</u> watch this TV program.
I <u>must</u> watch this TV program.

まずは、have to の文を文字通りに解釈してみましょう。

I have... ですから「私は持っている」です。何を持っているかというと、to 不定詞の to watch... ですね。この watch は原形ですから「非事実」を表します。「やる（べき）ことリスト」のことを To Do List と言いますが、「まだ…していない」というニュアンスを持つ場合がありましたね。

「まだしていない行為を持っている」ことから「しなければならない」という意味になる、と考えて下さい。

ただし、今のような説明はちょっと論理的というか、理屈っぽい感じがしませんか？ have to には、どちらかと言えば客観的な響きがあります。例えば「あれも、これも、まだやっていない」というのは分析をしています。ですからちょっと「冷静」な印象を与えるでしょう。

実際にどのような意味合いになるかと言うと、例えば「感想文を書くためにこのＴＶ番組を見なければならない」といった

必要性があるのかもしれません。もちろん、他にもいろんな理由があるでしょうが、その理由を客観的に説明できそうなのが have to なのです。**敢えて言葉で説明する／まとめるならば、have to は「客観的」「論理的」と言えるかもしれません。**

それに対して、**must のコアは「抵抗不可能な力」が及んでいるという意識を表します。**つまり、I must watch... というのは「見ることについて抵抗不可能な力が及んでいる」ことを表し、そこから「見なければならない」という意味になるのです。「絶対に見逃せない」という気持ちが感じられます。

先ほど have to は論理的と言いましたが、それに対して must は「抵抗不可能だ」と「感じている」わけです。論理というよりは感情であり、有無を言わせぬ雰囲気を感じさせます。つまり、**must は「主観的」「感情的」だと言えるかもしれません**（ただし、結論として客観的／主観的などというのは結果論に過ぎません。そこだけを暗記する方がいらっしゃいますが、それでは本当の意味で英語を理解したとは言えません。

大切なのは結果ではなく、なぜそのようになるのかというプロセスです。「人が言うから」「本に書いてあるから」ではなく、ぜひ「ご自分の感覚で納得」して下さい）。

それでは、以下の２つの文は一体どのように意味が異なるでしょうか？
I <u>have to</u> study.
I <u>must</u> study.

have to を使った場合には、「まだ勉強をしていないから、しなければならない」という風に冷静に言っているニュアンスがあります。その背後には例えば「近いうちに試験がある」といっ

た論理的な理由があるのかもしれません。

それに対して、must を使うと「有無を言わさず勉強しなければならない」わけですから、何か差し迫った状況があるのかもしれません。勉強をしないと怒られるのかもしれません。「絶対にしなければダメ……」、そんな感情的／主観的な理由が背後にあることを感じて下さい。

I have to study.　　　**I must study.**

さて、have to と must は「…しなければならない」という意味ではそこまで大きな違いはありませんが、それ以外のところでたくさんの違いがあります。もし、have to と must をどちらも「…しなければならない」だと暗記してしまうと、それ以外の用法も全て個別に暗記しなければならなくなります。

そうならずにすっきりと理解できる方法が、「感じる」ことなのです。では、have to と must の違いをさらに感じていきましょう。

have toしか使えない場面

must ではなく、have to しか使うことのできない場面がいくつかあります。

まず、「…しなければならなかった」という過去を表す場合には、had to を使います。
I had to get up at five.

must も過去形にすれば……と思うかもしれませんが、must は歴史的に言って実は過去形であり、これ以上形を変えられません。そして、must は現在の心的態度を表しますので、過去のことは表せないのです。

また、「…しなければならないかもしれない」という場合にも must は使えません。**1語の助動詞を連続させて、may must のように言うことはできないからです。**ですから、have to を使い、以下のように言う必要があります。

You may have to wait to enter the restaurant.
レストランに入るのに、待たなければならないかもしれない。

なお、どうして1語の助動詞を連続させることができないのかと疑問に思う場合には、次のように考えてみるといいかもしれません。

1語の助動詞は二面性、つまり2つの意味を持ちます。もし、それが連続したならば、2×2で4通りの意味に解釈ができることになってしまいます。それだと直感的に理解しづらいものとなるため、それを避けているのではないでしょうか。

mustの二面性

must にはもう1つ、「…に違いない」という意味もありますので、しっかりとそのコアにある感覚を感じて下さい。

He must be a teacher.
彼は教師に違いない。

この文が「教師に違いない」という意味になるのは、**彼を「教師である」と判断することに対して抵抗不可能な力が働いている**からです。なので「そのようにしか判断できない」、つまり「違いない」という意味になるのです（なお、この文を「彼は絶対に教師にならなければいけない」という意味に解釈することも可能です。ただし、become を使って He must become a teacher. と言ったほうが、誤解が起こらないでしょう）。

「…に違いない」を過去にすると？

さて、「…に違いない」を過去にするとどうなるでしょうか？「…だったに違いない」と「…に違いなかった」の2通りが考えられますね。

(a) それは大変に違いない。
(b) それは大変だったに違いない。
(c) それは大変に違いなかった。

(a)の「それは大変に違いない」は
It must be tough.
ですね。

Chapter2　時制表現の総仕上げ　133

(a) It must be tough.

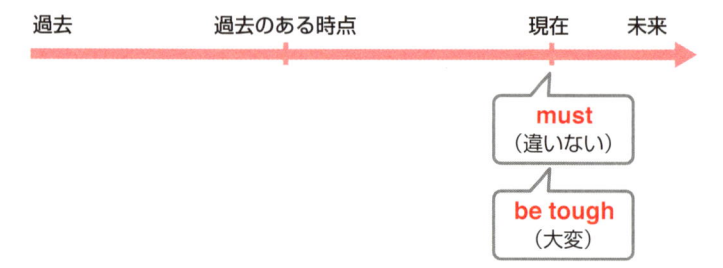

| 過去 | 過去のある時点 | 現在 | 未来 |

must
（違いない）

be tough
（大変）

　(b)のように「…だったに違いない」と言う場合には完了形を使います。

　must は助動詞ですから、その後ろには原形が来るというルールがあり、過去形は持ってこられません。しかし、そこに過去の意味合いを持たせたい場合には「have ＋過去分詞」を使うことで、過去形の代用をします。

It must <u>have been</u> tough.（大変だったに違いない。）

　完了形にすることで、下記の図のように、時制を1つ過去にずらしているイメージです。

(b) It must have been tough.

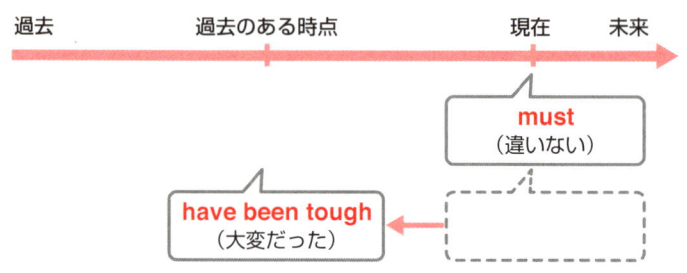

| 過去 | 過去のある時点 | 現在 | 未来 |

must
（違いない）

have been tough
（大変だった）

では、(c)の「…に違いなかった」はいかがでしょうか？

must を過去形にすることはできませんから、have to で代用します。

It had to be tough.（それは大変に違いなかった。）

(c) It had to be tough.

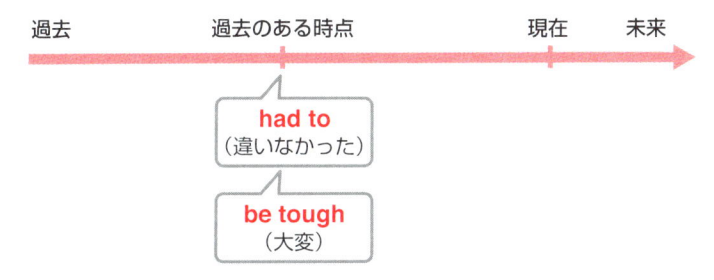

過去　　　　過去のある時点　　　　　　現在　　　　未来

had to
（違いなかった）

be tough
（大変）

COLUMN

実は have to も「…に違いない」という意味で使われる

先ほど must には二面性があり、「…しなければならない」に加え、「…に違いない」という意味を持つと解説しました。実は have to も全く同じで、「…に違いない」という意味を持ちます。

have to がこのような意味を持つようになったのは、言葉同士の住み分けの結果だと思われます。

先ほど例文で出てきた
It must be tough.
は感情的な判断で「それは大変に違いない」と表現しています。

では論理的で冷静な判断で「それは大変に違いない」と言いたい場合にどうしたらいいでしょうか？ そこで使えるのは、もはや have to しかありません。

It has to be tough.

のように言います。

否定で使うと意味が全く違う

次に、have to と must をそれぞれ否定で使ってみましょう。

You <u>don't have to</u> go.
You <u>must not</u> go.

have to は 2 語のセットで助動詞ですが、形の上では have を使っていますので、don't で否定します。**not という単語はその後ろに来るものを否定するのが基本ですから、have to go、つまり「行かなくてはならない」ことを否定します。そこから「行かなくてもよい」という意味になります。**

must は 1 語の助動詞ですから、その後ろに not が来ます。つまり、**抵抗不可能な力が働いている対象が not go だ**ということになります。「行かないこと」に対して抵抗不可能な力がある、つまり「行ってはいけない」という「強い禁止」の意味になります。

なお、may not にも「禁止」の意味合いがあります。may が「許可」ですから、その反対は「禁止」ですよね。

must not と may not は、大部分は同じですが、微妙なニュアンスの違いがあります。

must not には「絶対ダメ」というニュアンスがあります。mustには「主観的」「感情的」な響きがあるとお伝えしました通り、例えば「感情的に許さない」のかもしれません。
You <u>must not</u> enter this room.

may notは「許可しない」というニュアンスです。「許可を与える」ところから、かしこまった言い方という感じがあります。親が子供をしつける時にはmayをよく使います。
You <u>may not</u> enter this room.

COLUMN

have to と has to の発音がなぜ濁らないのか？

have toは「ハヴ・トゥ」ではなく「ハフトゥ」、has toは「ハズ・トゥ」ではなく「ハストゥ」のように音が濁らないのは一体なぜでしょうか。

その答えは、**to の /t/ の音が濁らないことに引きずられて、濁らないように変化するからです。**

なお、英語で /v/ と /t/ の音が連続しない（連続する場合に濁らなくなる）ということでは決してありません。例えば
I have time.（時間がある。）
と言う場合に、haveの発音が「ハフ」になることはありません。

しかし、have to の場合には to は前置詞であり、基本的に非常に弱く読まれる単語です。そして to がその前の have/has とくっついてしまい、音も同化してしまう——という風に考えて下さい。

実際、have/has to は、ネイティブスピーカーの意識の中では「1

単語の助動詞」のようなものなのです。そのため、hafta／hasta(toは「トゥー」ではなく、アクセントがなく「タ」のように弱く読まれます) のように綴られることもあるくらいです。

ちなみに、have と to の間に only を入れて have only to のように言う場合もあります。この場合にはhaveは「ハヴ」と発音されます。

We have only to do what she tells us.
彼女が言う通りに我々はすればいい。

shall と should
もはや絶滅寸前のshall

「…すべき」を表す should は、実は shall の過去形です。ですから should を理解するためにはまず shall を知っておく必要があります。

shall は元々「運命や神の意志」を表す言葉です。そこから、進むべき一本道(運命の道)のようなイメージにつながります。

例えば、ダグラス・マッカーサーによる
I shall return.
という発言をご存知の方も多いかもしれませんが、これは「私が戻ることは運命である」「(運命だから)私は必ず戻る」という風に捉えて下さい。
また、「モーゼの十戒」の「汝(なんじ)殺すべからず」は、
You shall not kill.
このような shall の用法は、現在では法律の条文などで見られますが、日常の英語ではあまり出てきません。意味的に考え

ても、科学が発達した現代ではあまり使われないのも合点が行くのではないでしょうか。

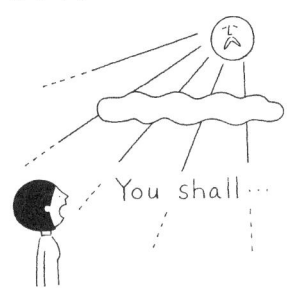

　さて、日常会話で shall を使うとしたら、Shall I...?（…しましょうか？）と Shall we...?（…しませんか？）という2つの用法を押さえておけば事足ります。文字通りに捉えると「私／我々が…するのは運命ですか？」と神様に申し出るような感じです。それが形骸化して、提案する場合に使われると考えて下さい。

Shall I make some coffee?
「コーヒーをお入れしましょうか？」という風に申し出る表現です。

　Can I...? や May I...? も申し出る場合に使えます。微妙なニュアンスの違いになりますが、can を使う場合には「…できますか？」というやや婉曲的な言い方で尋ねることになります。may は、へりくだって「相手の許可」を求めるイメージです。
　それに対して Shall I...? の場合には、「それが進むべき道ならば当然やりますよ」と申し出るニュアンスになり、そこから相手に寄り添うような温かみが生まれます。

Shall we dance?

　Shall we...? は「一緒に進みませんか」、つまり「…しませんか？」と尋ねる表現です。ややかしこまった、フォーマルな感じがあります。

　なお、Let's.... や Why don't we...? とのニュアンスの違いについては 37 ページを参照して下さい。

shouldはshallが弱くなったもの

　さて、shall の過去形である should の解説に行きましょう。過去形にすることで意味が弱まった結果、**「正しい道」を表すと考えて下さい。そこからまずは「…すべき」という意味を持ちます。**

Maybe you should call her.

　call は「呼ぶ」ですが、このように「電話をする」という意味でもよく使われます。なお、人に対して「…すべきだ」と主張するのは場合によっては失礼になりますから、この文では maybe をつけることで口調が柔らかくなっています。

　そして should も二面性を持っています。正しい道だと判断できるということから、「…のはず」という意味合いがあります。

This should work.

this（これ）は、自分が行なう（行なった）何らかの動作を指しています。work を「働く」と覚えているかもしれませんが、**そのコアは「自分の仕事をする／役割通りに動く」ことを表します。**そこから、機械が「動作する（うまく動く）」ことや、講じた手段や物事が「うまく行く」ことも work なのです。
　つまり、「これで（こうすれば）うまくいくはずだ」という意味になります。

COLUMN

英語に敬語はあるのか？

「英語に敬語はあるのですか？」という質問を時々受けます。見知らぬ相手や目上の人に対して話す時に、日本語では「今日はいい天気ですね」のように丁寧語を使います。しかし英語では、相手が誰であろうと It's fine today. のように同じ言い方ができます。

　ですから、英語に敬語がないと思っている人が少なくありませんが、答えは「あるとも言えるし、ないとも言える」です。

　日本語にあるような、「です」「ます」「おっしゃる」「参る」などの特別な言葉や、尊敬語・謙譲語などの仕組みは英語には存在しません。つまり、「敬語というシステム」は存在しません。
しかし、相手にとって無礼にならない言葉を選ぶのは、どんな言語でも共通して行なうことです。その意味では、どんな言語にも敬語は存在すると言えます（言語学的に言えば、敬語とは「適切な言葉遣い」の一部に当たります）。

　英語では特に、相手に何かをしてもらう場合に、敬語について考える必要があります。

最もシンプルな言い方は命令形です。
Come here.
Look at this.

　命令形で人にお願いできるのは、ちょっとしたことに限ります。大きなお願いをする場合や、わざわざ何かをやってもらう場合、相手が見知らぬ人だったり、力関係が上だったりする場合などには、命令形はふさわしくありません。
　そのような場合に**大切なのは、押しつけを避けること**です。日本語でも「…していただけますか？」（疑問）や「…してもらえませんか？」（否定疑問）のような言い方をしますよね。

　英語でも Can you...? や Will you...? のように疑問の形を取る傾向があります。それはつまり、**相手に断る余地を与えることによって押しつけを避け、失礼にならないようにしているのです。**

Can you open the window?
「できますか？」という質問の形を取ることで依頼をしています。

Will you close the door, please?
　相手の意志を尋ねる形を取ることで依頼をしています。ただし、この文では will you...? と疑問形にすることで断る余地を与えるだけではありません。同時に please をつけることで、「お願い」と相手の行動を促しています。
　丁寧な言葉を適切に使うためには、こういった微妙な息遣いが欠かせないのです。
　ここでは、Close the door, please. に Will you...? をつけて疑問文にすることで、口調を柔らかくしている、と考えて下さい。

もっと丁寧に言いたい場合には、過去形にした Could you...? や Would you...? を使います。過去形にすることで、控え目なニュアンスが出て、より丁寧になります。日本語の「…して下さいませんか？」「…していただけませんか？」に近い丁寧さがあります。

Would you give me a hand?
手を貸していただけませんか？

「手を貸す」は、英語では give (人) a hand と言います。

Could you please tell me the way to the station?
駅までの道を教えていただけますでしょうか？

　Please tell me... と依頼することもできますが、それを Could you...? で始めることで、知らない人に対する敬意を表しています。

　なお、**丁寧さとは微妙な感覚に基づくものですから、「こうすれば大丈夫」という正解はありません。**命令形で十分なのか、can/will なのか、それとも could/would なのかという違いや、please の有無だけでなく、語尾のイントネーション（上げるか下げるか）もあります。ここで取り上げた以外にも様々な表現が存在しますし、また、一言（一文）だけで頼むとも限りません。
　ですから、敬語についてもっと深く理解したいなら、実際にネイティブがどのような表現をどのように使っているかをぜひ味わってみて下さい。

　最後に、ご参考までにもっと丁寧な言い方をいくつかご紹介しましょう。先ほどは疑問文にすることで押しつけを避けましたが、今度は独り言に近い表現です。

I wonder if you could send me a catalogue.
カタログを送っていただけないかと思っているのですが…。

　wonder は「疑問に思う」という意味の動詞です。女性言葉の「…（なの）かしら」に近いニュアンスが出せます。
　この if は「もし」ではなく「〜かどうか」という意味ですね（189ページ参照）。文字通りには「あなたが私にカタログを送って下さることができるかどうか疑問に思う」と言っています。

　これをさらに丁寧にすると以下のようになります。

I was wondering if you could possibly send me a catalogue.
ひょっとしたらカタログを送っていただくなどということは……。

　wonder が進行形になることで、「一時的」であり、さらに「過去形」にすることで控え目になっています。また、possibly（ひょっとして）という副詞を加えることで、可能性の低さを暗示しています。
　文字通りに訳すならば「あなたが私にカタログを送って下さる可能性がひょっとしてないかどうかを一時的に考えていました」。ここまで控え目に言われたら、相手は非常に断りやすくなるため、丁寧さが出るのです。

Chapter
3

複雑に思える文法も
感覚的に理解しよう

Lesson 9

時制の一致と過去完了形

　英語で出来事を伝える際の「時制に関する英語感覚」について解説します。

「時制の一致」とは？

　英語には「時制の一致」と呼ばれる考え方があります。日本語にはない考え方ですから、ルールとしてただ覚えても、なかなか「英語の気持ち」は分かりません。今こそ、その気持ちを掴んでみましょう。

まずは日本語を客観的に見てみよう

　以下の2つの文を読んでみて下さい。

(a)　彼は公園に行き、1人でお弁当を食べた。
(b)　彼は公園に行き、1人でお弁当を食べる予定だ。

　ここで、「彼は公園に行き…」の時点では、「行く」という動作が行なわれるのがいつなのか分かりません。(a)では「食べた」という過去形が出てくることで、「行った」のも過去だと分かります。(b)では最後に「予定だ」と言われ、そこで初めて「行く」のも「食べる」のもまだ行なわれていないことが判明するのです。

　同じことを英語で表現すると以下のようになります。

(aʹ)　He <u>went</u> to the park and <u>had</u> lunch alone.
(bʹ)　He <u>plans to go</u> to the park and <u>have</u> lunch alone.

英語の特徴として「言われた瞬間に事実関係が分かる」ことが非常に多いです。(a) では He went... の時点で過去に「行った」ことが分かります。(b) でも、He plans to go... の時点で「行く予定」なのだと伝わります。

　つまり、日本語は「行き…」という言葉だけでは判断ができず、その後の言葉に引きずられて「過去」や「未来」にずれる「相対的」な表現をする言語だと言えるかもしれません。それに対して英語は、1つひとつの言葉が他の影響をあまり受けずに使われますので、どちらかと言うと「絶対的」な表現をする言語と言えるのではないでしょうか。

　その辺りの違いを踏まえつつ、日本語の別の例を見てみましょう。以下の文でそれぞれ「正しい」のと「思う」のが、いつの時点のことなのかを考えてみて下さい。

(c)　私は彼が<u>正しい</u>と<u>思う</u>。
(d)　私は彼が<u>正しい</u>と<u>思った</u>。
(e)　私は彼が<u>正しかった</u>と<u>思う</u>。
(f)　私は彼が<u>正しかった</u>と<u>思った</u>。

　まず(c)では「正しい」のも「思う」のも現在のことですね。

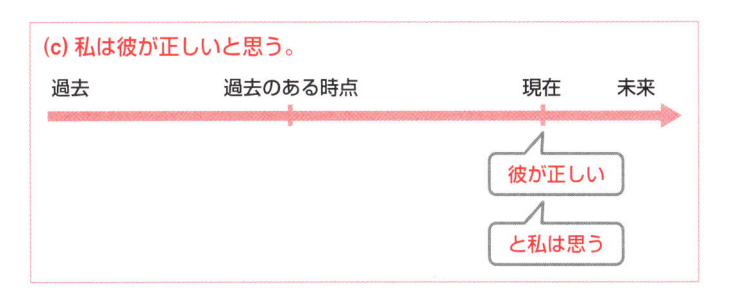

(c) 私は彼が正しいと思う。

過去　　　　過去のある時点　　　　　　現在　　未来

現在の位置に：彼が正しい／と私は思う

では(d)はいかがでしょうか。「正しい」と過去に「思った」のですから、「過去の時点で正しい」、つまり「正しい」のも過去の話です。

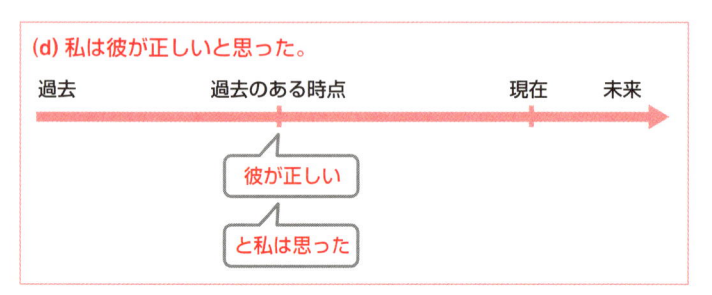

(d) 私は彼が正しいと思った。

過去　　　過去のある時点　　　　　現在　　　未来

彼が正しい
と私は思った

(e)は「思う」は現在ですが、その内容は「正しかった」という過去のことですね。

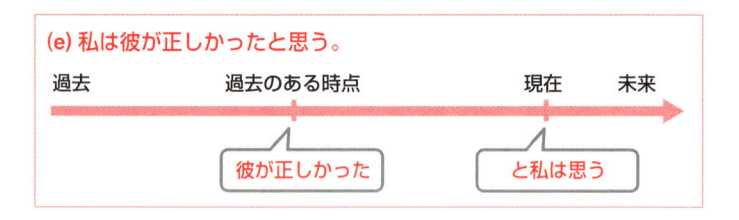

(e) 私は彼が正しかったと思う。

過去　　　過去のある時点　　　　　現在　　　未来

彼が正しかった　　　と私は思う

では(f)はいかがでしょうか。「思った」という過去の時点で「正しかった」のですから、「正しい」のは過去のまたさらに過去、ということになります。

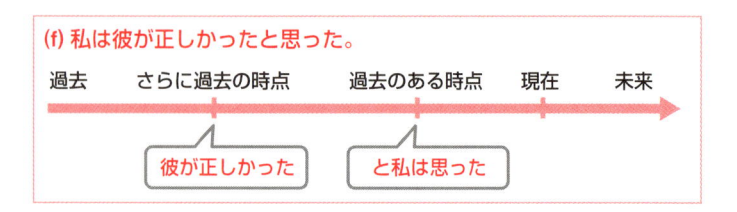

(f) 私は彼が正しかったと思った。

過去　さらに過去の時点　過去のある時点　現在　未来

彼が正しかった　と私は思った

英語の時制は非常にシンプル

同じことを英語で表現すると以下のようになります。

(c') I <u>think</u> that he <u>is</u> right.
(d') I <u>think</u> that he <u>was</u> right.
(e') I <u>thought</u> that he <u>was</u> right.
(f') I <u>thought</u> that he <u>had been</u> right.

先ほどの図で考えると非常にシンプルなのですが、「現在」にあるものは「現在形」にします。「過去のある時点」にあるものは「過去形」、そして「さらに過去の時点」(大過去と呼びます)にあるものは「過去完了形」にします(過去完了形は「had＋過去分詞」です)。

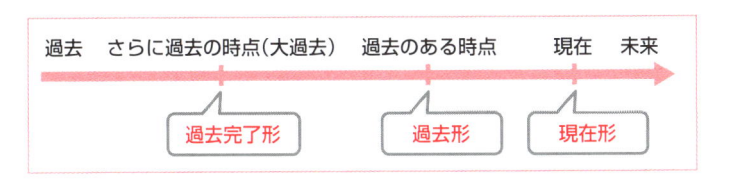

```
過去  さらに過去の時点(大過去)  過去のある時点  現在  未来
──────────┼──────────────┼─────────┼──────▶
       [過去完了形]        [過去形]    [現在形]
```

つまり、**その出来事や動作などがいつの時点のことなのかを、絶対的に(＝他の言葉に影響されることなく)表現しているだけな**のです。

では、なぜ時制の「一致」などと呼ばれるのでしょうか？その理由は、日本語に当てはめているからです。
「私は彼が正しいと思う」は I think he <u>is</u> right. ですね。「私は彼が正しいと思った」になると、I thought he is right. とは言わず、I thought he <u>was</u> right. のように言います。つまり、従属節(that 以下にある文)の be 動詞の時制を think の時制(過

去形)と一致させる——という捉え方をしているからなのです。

　もちろんそういう捉え方もひとつですし、全く問題はありません。ただ本書では、先述のように「3種類の時点を示しているだけ」という、よりシンプルな捉え方をご紹介したいと思います。

　もういくつか例文を見てみましょう。

(g)　**I <u>know</u> she <u>was</u> a teacher.**（私は、彼女が教師だったことを知っている。）

「知っている」のは現在の話ですが、彼女が「教師だった」のは過去の話ですね。

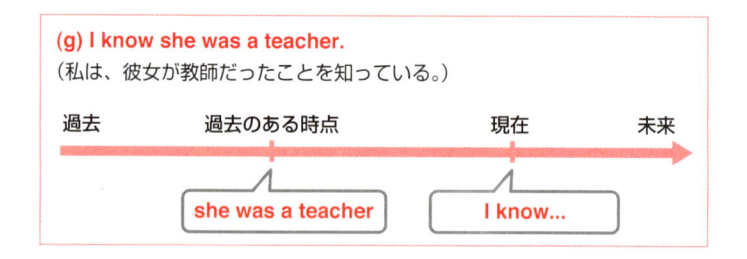

```
(g) I know she was a teacher.
（私は、彼女が教師だったことを知っている。）

過去　　　過去のある時点　　　　現在　　　　未来

　　　　　she was a teacher　　　I know...
```

(h)　**He <u>said</u> he <u>loved</u> her.**（彼は、彼女のことを愛していると言った。）

　loved と過去形になっているからといって、「もう愛していないのか」と思ってはいけません。この文のメインの動詞は say です。つまり、あくまでも発言の時点において「愛している」のが事実だったということを表しているだけです。

> **(h) He said he loved her.**
> （彼は、彼女のことを愛していると言った。）
>
> 過去　　過去のある時点　　　　　現在　　　　　未来
>
> he said...
> he loved her

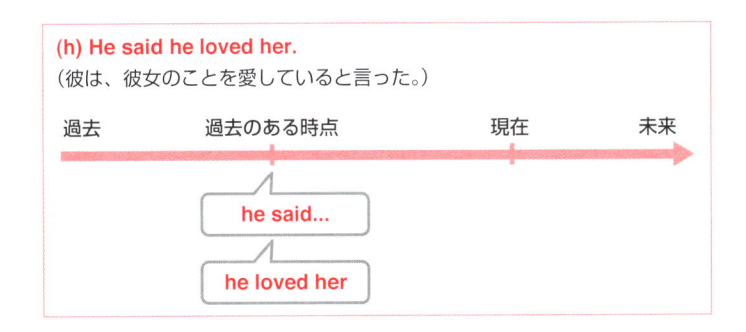

(i) **I'll tell** him that I **will go** to Hokkaido soon.（私は彼に、すぐに北海道に行くと伝えます。）

「未来」のことはどうなるのか、と思う方もいらっしゃるでしょう。しかし、英語に未来形はないことを思い出して下さい（90ページ参照）。

結局、will も助動詞の現在形ですし、be going to や現在進行形（未来のことも表せます）は be 動詞の現在形を使います。

ですから、現在の話として考えればＯＫです。

> **(i) I'll tell him that I will go to Hokkaido soon.**
> （私は彼に、すぐに北海道に行くと伝えます。）
>
> 過去　　過去のある時点　　　　　現在　　　　　未来
>
> I'll tell...
> I will go...

(j) **I told** him that I **would go** to Hokkaido soon.（私は彼に、すぐに北海道に行くと伝えた。）

(i)の文を過去形にしたものです。過去のある時点で「すぐに行く」わけですから、will は過去形の would にします。

> **(j) I told him that I would go to Hokkaido soon.**
> （私は彼に、すぐに北海道に行くと伝えた。）
>
> 過去　　過去のある時点　　　　現在　　未来
>
> I told him
> I would go...

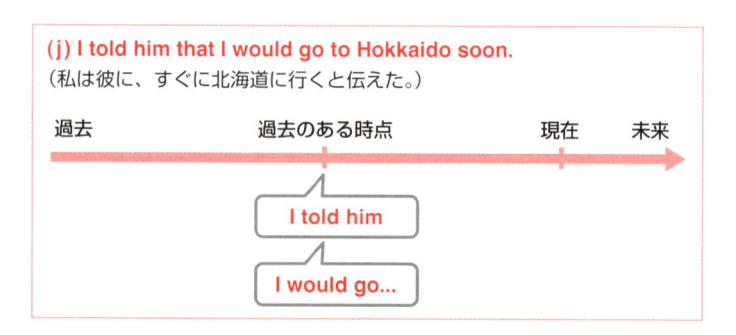

(k) **She <u>thought</u> he <u>had been</u> sick.**（彼女は、彼が病気だったと思っていた。）

　彼女が「思っていた」のは過去の話ですね。そして、he had been sick のように過去完了形になっているのは、「大過去」であることを意識しているためです。

> **(k) She thought he had been sick.**
> （彼女は、彼が病気だったと思っていた。）
>
> 過去　　大過去　　　過去のある時点　　現在　　未来
>
> he had been sick　　she thought...

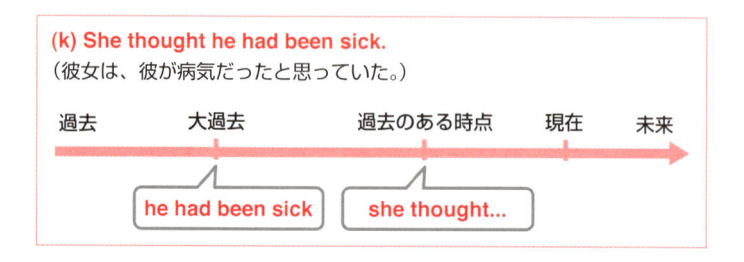

「大過去」には、厳密に考えると実は2通りの意味の可能性があります。(k)の文の時制を現在寄り（右）に1つずらして、「彼女は…と思っている」という現在の文にしてみましょう。そう

すると「…」の箇所は過去形とは限らず、現在完了形にもなり得ます。

(k) **She <u>thinks</u> he <u>was</u> sick.** ＜過去形＞（彼女は、彼が（ある過去の時点で）病気だったと思っている。）

例えば過去にしばらく彼を見かけない時があり、その時のことを指して「病気だったと思っている」のかもしれません。

(k′) She thinks he was sick.
（彼女は、彼が（ある過去の時点で）病気だったと思っている。）

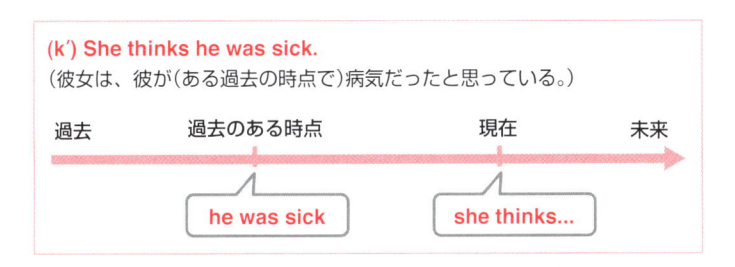

過去　　過去のある時点　　　　　現在　　　　未来

he was sick　　　she thinks...

(k″) **She <u>thinks</u> he <u>has been</u> sick.** ＜完了形＞（彼女は、彼が（ずっと）病気だったと思っている。）

こちらは現在完了形ですので「病気が継続している」という意味合いですね。

(k″) She thinks he has been sick.
（彼女は、彼が（ずっと）病気だったと思っている。）

過去　　過去のある時点　　　　　現在　　　　未来

he has been sick

she thinks...

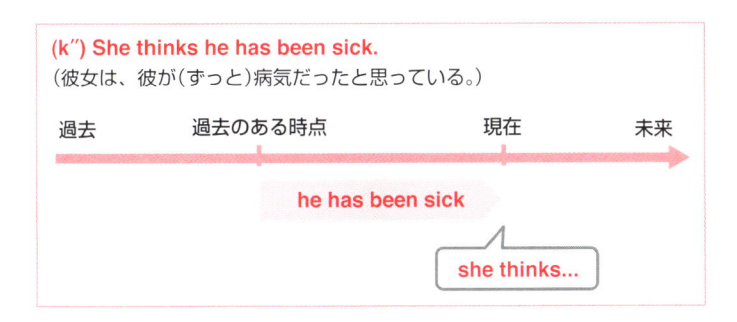

(k)の文において（時制が1つ左にずれますが）どちらの意味なのかは、これだけでは判断できません。

　もし、そこを明確にしたい場合には、例えば at that time（当時）のような表現をつければ元々「過去形」の話だと分かります。また、for a long time（長い間）のように言えば、「完了形」であったことが分かるでしょう。

過去形を使う時に潜む感覚
過去の話は全て過去形にするのが基本

　現在なのか、過去なのか、大過去なのか——という基本の捉え方を踏まえて、もう少し感覚のお話をしたいと思います。

　あなたが友達の家に遊びに行ったとします。そこに、予想していなかった別の友人が来ていたら、日本語であれば「君がいるとは知らなかった」などと言うでしょう。

　英語では次のようになります。
I didn't know you <u>were</u> here.

　また、その友達の家で、初めて出会う人がいました。自己紹介はしたものの、ちょっと時間があいて、その人の名前をド忘れしてしまい、「お名前、何とおっしゃいましたっけ…？」

　英語では以下のように言います。
What did you say your name <u>was</u>?

　下線部の be 動詞が過去形になっていることに、きっと違和感を覚えるのではないでしょうか？「今そこにいる」わけです

し、「名前が変わる(過去のものになる)」ことは普通ありません。
　しかし英語の論理では、「知らなかった時点」「名乗った時点」の過去の話だと捉えるため、過去形にするのが普通です。

敢えて「現在形」を使ったら…

　先ほどの名前を聞き返す例ですが、ネイティブは通常、

What did you say your name <u>is</u>?

のようには言いません。しかし**場合によっては、敢えて「現在形」を使い、「今もそうなのだ」という特別なニュアンスを出す場合があります**（文法的には「時制の一致の例外」と呼ばれます）。
　そのような例をいくつか見てみましょう。

My father <u>told</u> me that time <u>was</u> money.
My father <u>told</u> me that time <u>is</u> money.

　まず、過去形のwasになっているのが普通の言い方です。「"時は金なり"だと教えてくれた」ということですね。
　さてここで、敢えて現在形にすることで「その教えは、今も有効な真実である」とか「その教えを今にも生かしている」などといった気持ちを込めることができます。

I <u>realized</u> that she <u>was</u> the love of my life.
I <u>realized</u> that she <u>is</u> the love of my life.

「最愛の人だと気づいた」と言っていますが、過去形で言うと「気づいた」という過去の事実を伝えるだけになります。
　現在形を使って表現することにより、「今も変わらず最愛の人だ」という気持ちが伝わります。

Kevin said he would travel around the world.
Kevin said he will travel around the world.

「世界一周旅行をする」とケビンは言いました。過去形でwouldにすると、あくまでもケビンの過去の発言（過去の時点での予定）について述べることになります。それに対して、「今も行くつもりがある」「現在も予定している」ということを意識した場合には、敢えてwillにします。

　ここでの大事なポイントは、現在形を使う場合には「今もそうなのだ」と強く意識しているということです。普通の言い方はあくまでも過去形なのです。

過去完了形の感覚を掴もう
　過去完了形は、多くの方に誤解されている文法項目の1つです。「過去」の完了形だとか、「大過去（過去の過去）」を表すというような説明がされやすいためかもしれません。

「過去の過去」だから使われるのではない？
　ではここで問題です。

Q ▶ 以下の日本語を英語にして下さい。
　(a)　彼はエンジニアになる前は、営業マンでした。
　(b)　彼女は20歳になる前に、タバコを吸っていた。

　まず(a)ですが、「エンジニアになった」という過去があり、そのさらに前の時点で「営業マンだった」ので、

He had been a salesperson before he became an engineer.

そして、(b)は「20歳になった」という過去の時点で、「タバコを吸っていた」ので、
She had smoked before she became 20 years old.
……このように考えてしまう人が、学校で英文法をしっかりと学んだ人の中に結構いらっしゃいます。もちろん、それで問題はないのですが、単なる過去形でＯＫなのです。
ですから、模範解答は以下の通りです。

(a) **He was a salesperson before he became an engineer.**
(b) **She smoked before she became 20 years old.**

なぜかと言いますと、**過去完了形は「過去の過去」だから使うわけではないからです。**
あれこれと説明する前に、実際の英文を味わってみましょう。

Late one afternoon, Bill Green received an urgent phone call from Liz Michaels, who he used to work with.
She had heard Bill was experiencing great success, and she got right to the point, "Could I meet with you soon?" she asked. (『The Present』より、下線と数字は著者)

これは『The Present』という本のプロローグの一部です。**小説などのストーリーは基本的に過去形が使われます**から、下線を引いた動詞のほとんどが過去形です。1箇所（③）だけ、She had heard... のように過去完了形になっています。

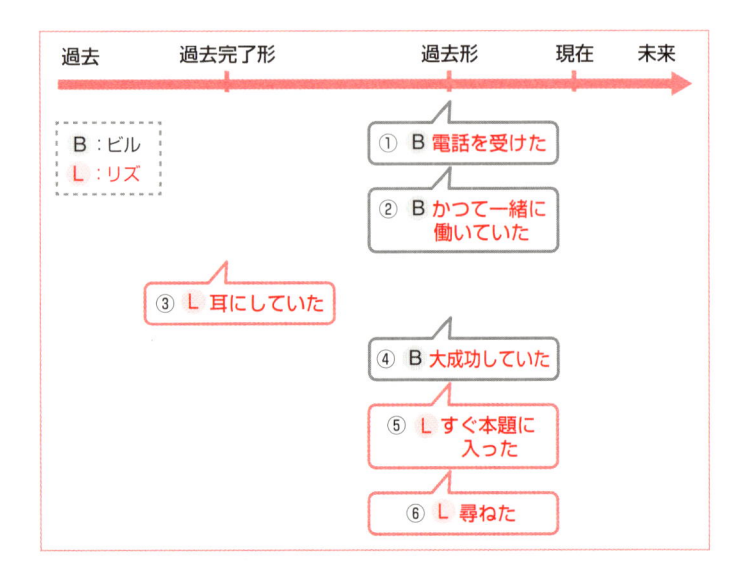

```
過去        過去完了形      過去形       現在      未来
─┼───────────┼──────────────┼──────────┼──────────┼──→

  ┌─────────┐
  │ B：ビル   │              ① B 電話を受けた
  │ L：リズ   │
  └─────────┘              ② B かつて一緒に
                              働いていた

         ③ L 耳にしていた

                          ④ B 大成功していた

                          ⑤ L すぐ本題に
                              入った

                          ⑥ L 尋ねた
```

　まず①ですが、ビルがリズから電話を受けました。

　ビルは以前、リズと一緒に働いていました（②）。ここで「かつて…していた（今はしていない）」という意味合いの used to という助動詞（読み方は濁らずに「ユース・トゥ」）が使われています。

　そして③ですが、リズが耳にしていたというところで hear が過去完了形で使われています。

　耳にしていた内容は、ビルが大成功を収めていた（④）ということです。

　そこでリズはいきなり本題を切り出し（⑤）、「すぐに会えない？」と尋ねました（⑥）。

　ここで考えるべきなのは、過去完了で表されている「リズが耳にした」のが一体いつなのか、ということです。

　ではここで問題です。

> **Q** もしこの電話の場面で、hearを過去形にした
> She <u>heard</u> Bill was experiencing great success.
> という英文が出てきたらどのような意味になるでしょうか？

　答えは、大成功を収めていたことを「この電話でビルから聞いた」ことになります。

　しかし、実際には電話をする前に聞いていた（むしろ、聞いたからこそ電話した）わけです。ですから、**「さらに以前の話だ」と明示する必要があるために過去完了形になっています。**

普通は「過去形」だという感覚を持とう

　先ほど、過去の話をしている時には過去形を使うのが基本だとお伝えしましたね。英語には図のように「過去」を中心にした「トキの流れ」が存在します。

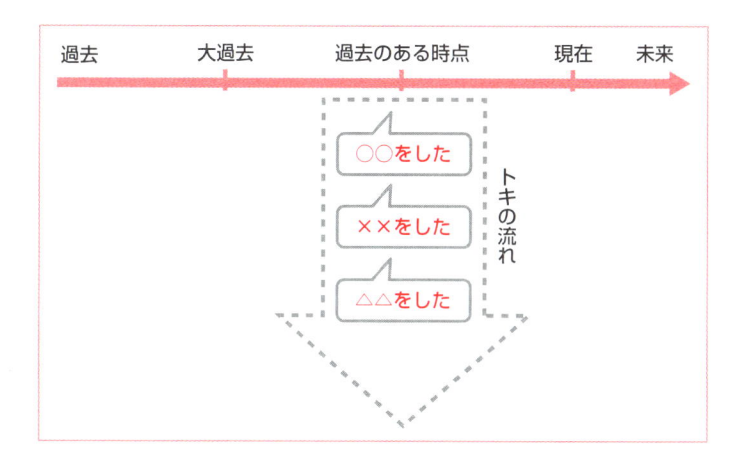

```
過去　　大過去　　過去のある時点　　現在　　未来
───────────────────────────────────────────→
                  ┌──────────┐
                  │ ○○をした │
                  └──────────┘   ト
                  ┌──────────┐   キ
                  │ ××をした │   の
                  └──────────┘   流
                  ┌──────────┐   れ
                  │ △△をした │
                  └──────────┘
                       ▼
```

Chapter3　複雑に思える文法も感覚的に理解しよう

過去完了形は「had＋過去分詞」ですので、「…したという過去を（さらなる過去に）持っていた」ことを表します。ですから、**過去完了形が出てくると、「トキの流れ」から外れるため、受け手側は「おっ」と思います。そして、「さらに以前の話だ」**ということを意識するのです。

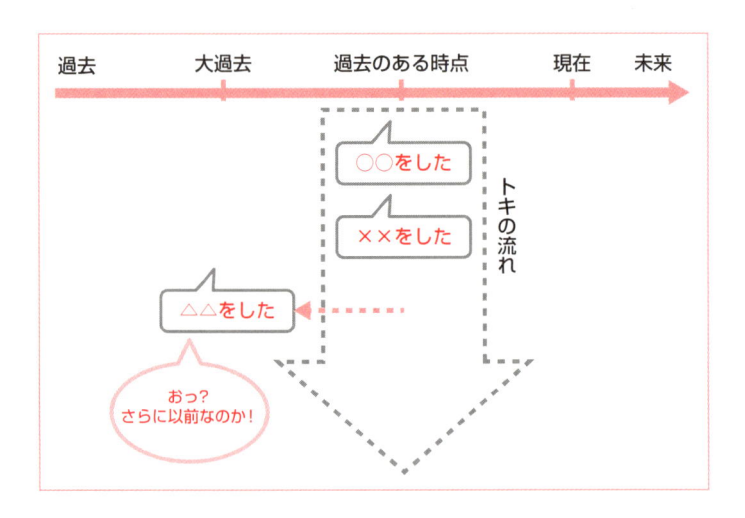

| 過去 | 大過去 | 過去のある時点 | 現在 | 未来 |

○○をした
××をした
△△をした
トキの流れ
おっ？
さらに以前なのか！

　つまり「トキの流れ」の中の、過去の時点から見て、そういう「さらに過去があった」ことを敢えて伝えるのが過去完了形です。

I had never been abroad before I went to college.
大学に行くまで、海外に行ったことがなかった。

　この場合には「大学に行った」という過去の時点で、それ以前に「海外に行った過去（経験）がない」と伝えたいので、過去完了形を使っています。

```
I had never been abroad before I went to college.
```

| 過去 | 大過去 | 過去のある時点 | 現在 | 未来 |

海外に行ったこと(経験)がなかった

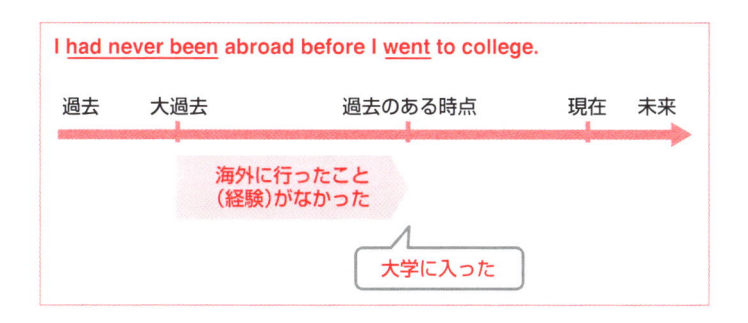

大学に入った

逆に言えば、さらに以前の話だという関係を意識する必要がなければ、過去完了形にする必要はありません。先ほどの例文をもう一度ご覧下さい。

(a) He was a salesperson before he became an engineer.
(b) She smoked before she became 20 years old.

(a)は日本語に訳すと「エンジニアになる前は営業マンだった」ですが、英語の語順の通りに解釈してみましょう。

He was a salesperson...
彼は営業マンだった

before...
…の前（➡ つまり「その後」）

he became an engineer.
彼はエンジニアになった。

> (a) He was a salesperson before he became an engineer.
>
> 過去　大過去　　　　過去のある時点　　　　現在　未来
>
> 営業マンだった
>
> (その後)エンジニアになった

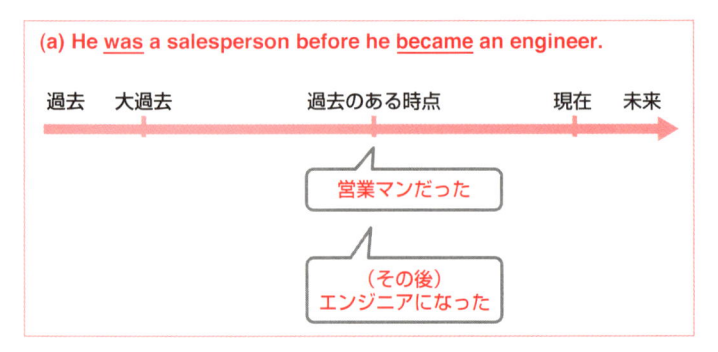

いかがでしょうか。

(b)の例文についても同様ですね。「過去」の流れのままでスムーズに伝わるため、過去完了形を使う必要がないのです。

> (b) She smoked before she became 20 years old.
>
> 過去　大過去　　　　過去のある時点　　　　現在　未来
>
> タバコを吸っていた
>
> (その後)20歳になった

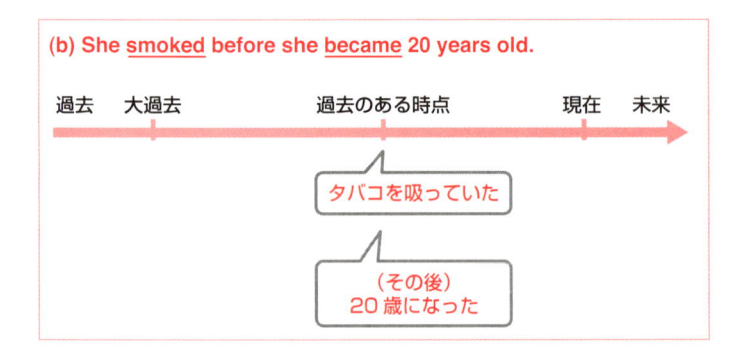

現在形にも「特殊な意識」がある

過去完了形だけではありません。155 ページで解説した、過去の流れの中で敢えて「現在形」を使う場合も同様です。

My father told me that time was money.
My father told me that time is money.

過去形を使った場合には、過去の流れの中での、普通の言い方になります。それに対して、現在形を使った場合には、「time is money」の箇所を目立たせることになります。

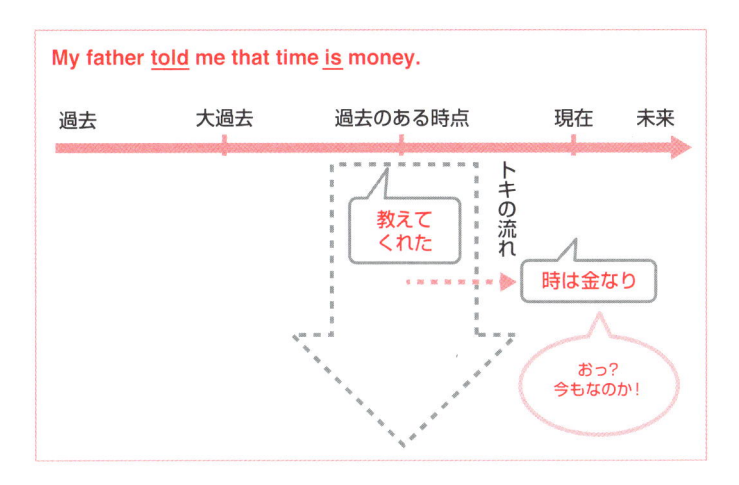

My father told me that time is money.

| 過去 | 大過去 | 過去のある時点 | 現在 | 未来 |

トキの流れ

教えてくれた

時は金なり

おっ？今もなのか！

　過去の話の流れが続いている時にいきなり現在形が出てくるので、受け手側は「おっ」と思います。そして、「今もそうなのだ」ということを意識するのです。

トキの流れを感じよう

　出来事や物語、ジョークなど、世の中にはたくさんのストーリーがあります。そして、ストーリーを語る際には、ほとんどの動詞が「過去形」になります。
　ですからぜひ、過去形を中心とした「トキの流れ」を意識してみて下さい。

　過去完了形も、時制の一致の例外として出てくる現在形も、出現頻度はそんなに高くありません（特に現在形）。だからこそ、

それが出てきた時に「おっ！」と感じられることが、英語感覚を掴む上では大切なのです。

「ここでは敢えて現在形が使われている——」
　それが感じられるのは非常に嬉しいことですし、そういった体験こそが、英語を感覚的に理解できるようになる醍醐味の1つなのです。

COLUMN

現在形で語るケースとは？

　ストーリーを過去形ではなく現在形で語るケースも実はいくつかあります。
　例えばスポーツなどの実況中継は、日本語だと「…し（まし）た」という言い方をすることが多いですが、英語では現在形にするのが普通です。

The pitcher winds up and throws the ball. The batter swings and misses.（ピッチャー、振りかぶって投げました。バットを振りましたが空振りです。）

　また、脚本のト書き（場面の描写）も現在形です。これは日本語と同じですね。

Tony stands up and goes out of the room.（トニーは立ち上がり、部屋から出て行く。）

Lesson 10

仮定法の「感じ方」

仮定法の基本は could

　仮定法と聞くと、まず「if＋過去形」と考えてしまう方が多いでしょう。しかし、そうするとifのない仮定法が出てきた時、分からなくなってしまいやすいものです。

　ですので、ifのいらない仮定法から、その考え方を掴んでいきましょう。

　では、問題です。

Q▶ 次の英文はどういう意味でしょうか？

　　We could win the game.

　この問題には2通りの答えがあります。2通りの状況が考えられるからです。

　1つは「これから試合に臨む」という状況です。そこでWe can...（できる）ではなくWe could...と過去形にすることで控え目になり（意味が弱まり）ますから、「ひょっとしたらできるかも」「可能性は低いけど可能」というニュアンスになります。

　そしてもう1つが、「試合が終わった後」という状況です。この場合に、We could win the game. は一体どういう意味になるでしょうか？

　答えは「私たちはその試合に勝つことができた」ではありません。52ページでも解説しましたが、**canは「可能性がある」**

Chapter3　複雑に思える文法も感覚的に理解しよう　　165

という意味ですから、could は「可能性があった」ことを表します。ですから意味は「私たちには勝つ可能性があった」なのです。要するに「勝てるかもしれなかった」ということであり、暗に「勝てなかった」ことを意味します。

　このように「可能性があった…（でもしなかった）」という"反語"的な意味を持たせるのが仮定法なのです。

wish で神様に願おう
　では次に、I wish... という仮定法の例文を見てみましょう。

I wish I could fly.
　wish は「願う」ことですが、「できないことを神様にお願いする」ようなニュアンスです。例えば誕生日にロウソクを吹き消す際には Make a wish.（願い事をして）のように言います。
　ですから I wish I could fly. というのは、「空を飛ぶ」という「できないこと」ができるように神様に祈っているようなものです。「空を飛べたらいいのに……」などと訳されます。

　ちなみに、お誘いを断る際に、まず
I wish I could, but...（行けたらよかったんだけど……。）
と前置きするのは、よく使われるテクニックです。

　また、wish の後に来るのは could だけではありません。

I wish I had a car.（車を持っていたならぁ……。）

　車を持っていない人が「もし持っていたなら……」「あった

らよかったのに……」と願う文です。つまり「車はない」ことを暗に示しています。

have ではなく過去形の had が使われていますが、別に過去の話をしているわけではありません。**現在のことを過去形で表すのが、仮定法の特徴の1つです。**

なぜ現在の話なのに過去形を使うのか？

日本語でも現在のことに対して「もし○○ならば…」と言うだけでなく、「もし仮に○○<u>だった</u>なら…」という言い方もしますよね。

車を「持っていれば」ではなく「持っていた<u>なら</u>」と言うと、仮定だという意味合いが強くなるはずです。また例えば、女性に対して「もしあなたが男<u>だった</u>なら…」と言う時、そこには「あり得ないけれども」という思いがあるはず。それと似たような感覚です。

英語の動詞は時制を持つと「事実」を表し、時制がないと「非事実」を表すとお伝えしましたね（34ページ参照）。**仮定法は「反事実」を表します。「反事実」とは文字通り、「事実に反している」ことや「あり得ない」こと、「可能性が非常に低い」ことなどです。**

「反事実」を表すためには、動詞の時制を過去寄りに1つずらします。現在の仮定であれば「過去形」を使い、過去の仮定であれば「過去完了形」を使います。

(a) **I wish I <u>could</u> sing well.**
(b) **I wish I <u>hadn't eaten</u> it.**

(a)は過去形の could なので、現在の仮定をしています。I

can sing well...、つまり「(現在) 歌がうまかったなら……(実際には下手)」という意味です。

(b)は過去完了形になっていますので、過去の仮定ですね。I didn't eat it...、つまり「(過去に) それを食べなかったなら……(実際には平らげてしまった)」という意味です。

if を使った仮定法

次は if を使った仮定法の例文を見てみましょう。
まずは通常の if 文です。

If he helps me, I can finish my homework in time.
もし彼が手伝ってくれれば、宿題が期限内に終えられます。

では次に仮定法です。

If he <u>helped</u> me, I <u>could</u> finish my homework in time.
もし仮に彼が手伝ってくれたなら、宿題が期限内に終えられるのに……。

現在のことなのに、時制を1つずらして過去形で表現していますね。could のところに「可能性の低さ」が感じられると思

いますが、ぜひそれだけなく、helped にも「手伝ってくれなさそう」という反事実のニュアンスを読みとって下さい。

If I <u>were</u> you, I <u>would</u> go.
もし私があなただったら行くのに……。

　be 動詞が were になっていることに違和感があるかもしれませんが、そこは後のコラムをご覧下さい。「イコール」を意味する be 動詞（の過去形）ですから、「もし"私＝あなた"だったなら…」という仮定を表しています。

　I would go のところは、would が will の過去形ですね。will は「意志」を表しますが、それが反事実で使われていますので、「(…だったら) する」という仮定の意味が含まれています。ここでの仮定は if I were you... ですから「もし私があなただったなら…する」ということを意味しています。

COLUMN

主語が I なのになぜ were なのか？

　主語が I なのに、どうして be 動詞の活用が were になるのかと疑問に思う方がほとんどでしょう。これは歴史的にこうだったとしか言えないのですが、一応解説しておきましょう。
　ヨーロッパ（ゲルマン系やラテン系）の言語には「接続法」というものがあります（他にも「直接法（＝平叙文）」「疑問法（＝疑問文）」「命令法（＝命令文）」などがあります）。「もし…なら」という仮定や条件の話をする時には、動詞は直接法（の現在形）ではなく、接続法という別の活用をさせるのです。

昔の英語では接続法が使われており、過去の仮定をする場合の「接続法の過去形」では、be動詞は全てwereという活用でした。その用法が現在も名残りとして、「仮定法過去」の場合に使われているためwereになるのです。

　ちなみに現在では、wereではなく、If I was...のように単なる過去形が使われることも（口語では）増えてきています。

wouldを見たら仮定法だと思え

　couldを見た時に「可能性が低い」ことから仮定法を連想するのは特に難しくないでしょう。それと同様に、wouldを見た時にも、ぜひ仮定法だと思えるようになって下さい。

　wouldを使った例文をいくつか見ていきましょう。

(a)　**If I were you, I would say yes.**
(b)　**If I were you, I wouldn't listen to her.**

　まず(a)は「もし私があなただったら……」という仮定がまずあり、その時に「私は"はい"と言う」ということですね。

　(b)の場合には、「私は彼女に耳を貸さない（彼女の言うことを聞かない）」という意味になります。wouldn'tと過去形になっていますが、元々はwon'tです。つまり「…するつもりがない」ことを表しています。

　さて、「もし私があなたの立場だったら…する」というのは、

違う言い方をすれば「(その立場にいたら)私だったら…する」とも言えます。

そのように考えると、wouldが単独で出てくる以下の例文が「私だったら…する／しない」という意味に見えてきませんか？

(c)　**I would do the same.**（私だったら同じことをするでしょう。）
(d)　**I wouldn't give up.**（私だったら諦めません。）

なお、I would... が常に「私だったら…」という意味になるわけではありません。If it was possible... という英語が隠れていると考えると、「もし可能だったら…」という仮定になります。

さて、ここで思い出していただきたいのが、wantの丁寧語として使われるwould likeです。
I'd like a hamburger, please.
I'd like to go to Paris someday.

このwould likeがなぜ「want（欲しい）」の丁寧語として使われるかというと、I would like... ですから、「(可能であれば)好き」、つまり「(もし手に入ったら)いいですね」と言っているわけです。控え目で上品な発言に見えてきたなら、感覚が掴めている証拠ですよ。

仮定法過去完了

これまで解説してきたのが、「現在」を反事実で表現する「仮定法過去」です。

次に、「過去」を反事実で表現する「仮定法過去完了」の例も見ていきましょう。

If I <u>had tried</u> harder, I <u>could have passed</u> the test.
もしもっと頑張っていたなら、テストに合格できていたかもしれない。

　had tried... のように過去完了形になっているのは過去の反事実ですから、実際にはあまり頑張らなかったということです。
　また、仮定法過去の時には助動詞を過去形にしただけ（例：I could pass）でしたが、**仮定法過去完了の場合には could have passed... のように「助動詞の過去形＋完了形（have ＋過去分詞）」にします。**

If I <u>hadn't thrown</u> it away, I <u>might have been</u> able to sell it for a lot of money.
もしそれを捨てていなければ、高額で売れたかもしれなかった。

　throw away は「捨てる」という意味ですね。
　そして might 以下がちょっと複雑に思えるかもしれません。might（…かもしれない）＋ have been（過去）＋ be able to（できる）＋ sell（売る）ですから、「売れたかもしれない」ですね。

　なお、**前半の文と後半の文がどちらも同じ過去完了形でなければならない、ということはありません。**以下の例は、前半は過去完了形ですが、後半は過去形になっています。

If he <u>had not broken</u> his leg, he <u>would be</u> playing in the Olympics now.
もし彼が足を骨折していなかったら、いまごろオリンピックでプレイしていただろう。

　he had not broken... は過去完了形ですので、過去の話をし

ています。しかし、he would be playing... のところは、now がついているように現在の話ですから過去形になっています。

　仮定法ではない、単なる事実や条件を表現する if 文と比較すると分かりやすいでしょう。骨折は過去の話であり、プレイしているのは現在の話なのです。

If he <u>didn't break</u> his leg, he <u>is playing</u> in the Olympics now.
もし彼が足を骨折しなかったら、いまごろオリンピックでプレイしている。

should have を使った仮定法

　仮定法でよく使われる助動詞は could と would、そして時々 might ですが、たまに should も使われることがあります。
　非常に使い勝手の良い表現ですので、ぜひしっかりと押さえておきましょう。

I should have known!

　まずは文字通りに解釈してみましょう。should には「…すべき」の他に「…のはず」という意味もありましたね。そして have known のように完了形になっていますので過去を表します。つまり、「知っていたはず」だということです。しかし、反事実ですから、実際には知らなかった（気づいていなかった）のです。
　ですから、意訳するなら「気づかなかった！」とか「見落としていた！」「私としたことが！」といった感じでしょうか。

Lesson 11

様々な疑問文

　否定疑問文や付加疑問文、how to、what to など様々な疑問文の考え方について解説します。

否定疑問文

　まず not が加わった否定疑問文です。日本語と英語では、疑問文での否定語の使い方が少し異なります。その違いをしっかりと感じることで、ぜひ言葉に対する感覚を磨いていきましょう。

日本語での否定疑問の使い方

　まずは日本語について考えてみましょう。

Q　「疲れていますか？」と「疲れていませんか？」はどのように意味が違うでしょうか？

　普通の言い方は「疲れていませんか？」ではないでしょうか。特に疲れていない時に「疲れていますか？」と質問されると、「そんな態度を見せていたかな？」と思うものです。
　日本語では「否定疑問」をかなり頻繁に使いますが、これにより、否定でも肯定でもない中立的な立場から尋ねることができます。「疲れていませんか？」「質問はありませんか？」のように言うことで、中立的なところから質問しているのです。
　それに対して「疲れていますか？」「質問はありますか？」と**肯定疑問で言う場合には、「ある（のではないか）」ということを意識／期待しているような含みが出ます。**

英語での否定疑問の使い方

しかし、英語において普通の尋ね方は Are you...?/Do you...? などのような肯定疑問の形です。

Are you tired?

このように尋ねるのが普通なのです。

英語では否定疑問になることで、単なる「疑問」の気持ちに加えて、例えば「驚き」が表現されます（日本語に訳すと「ない」という言葉が入りますので感覚的には難しくないはずです）。

<u>Aren't</u> you tired?

「え、疲れて<u>いない</u>のですか？」という意味になります。

なお、答え方は、質問が Are you...? でも Aren't you...? でも全く関係ありません。「疲れている」なら Yes です。I <u>am</u> tired. のように文が肯定文の時には Yes を、I'm <u>not</u> tired. のように否定文の時には No を使います。

<u>Don't</u> you know what happened?

肯定で Do you know...? であれば「知っていますか？」という普通の質問になります。しかし、否定疑問にすることで「何が起こったか知ら<u>ない</u>の？」という意外さ（や場合によっては心外な気持ち）が表現されます。

また、否定疑問文は反語的にも用いられます。その結果、例えば「同意」を求めるようなニュアンスが出ます。

<u>Isn't</u> he nice?

もし Is he nice? と言ったならば、純粋に彼がステキかどう

かを質問していることになります。否定疑問にすることで「彼、ステキじゃない?」と同意を求めるようなニュアンスになります。

Don't you think so?

こちらも「あなたもそう思わない?」という感じで同意を求めています。

また、ちょっと強い／乱暴な言い方になりますが、以下のような例もあります。

Can't you sit still?
Can't you just shut up?

人に何かを「依頼」する時に Can you...? という言い方をしますね。Can't you (just)...? と言うことで、「(こんなことも) できないの?」というような気持ちが加わり「叱責」や「苛立ちを含んだ命令」になります。

なお、そもそも shut up 自体も「(口を)完全に閉じる」、つまり「黙る」ことを表すやや乱暴な表現ですね。

COLUMN

疑問文で any と some のどっちを使う?

先ほど「質問はありませんか?」と「質問はありますか?」という日本語の例を出しましたが、それと似たニュアンスを出せるのが any と some です。

従来の英文法では「any は疑問文・否定文で使う」と習いますが、それは正しくありません。前作の『頑張らない英文法』でも解説しましたが、**any は「どんな…(で)も」という任意性を表します。**

Do you have <u>any</u> questions?
Do you have <u>some</u> questions?

　any を使うと、文字通りには「どんな質問でもいいのですが質問を持っていますか？」と聞いています。これは日本語の「質問はありませんか？」に当たります。質問があるかもしれないし、ないかもしれないという中立的な立場での発言になります。

　それに対して、some は「漠然と少しある」ことを意味します。ですから文字通りには「少し質問を持っていますか？」です。「ある」ことを意識／期待しているニュアンスが出るため、日本語の「質問はありますか？」に近いのです。
　ただし、微妙なニュアンスの違いですから、こだわりすぎないほうがいいでしょう。

　また、人に何かを勧める時には、疑問文でも some が好まれます。
Would you like <u>some</u> tea?

　any を使うと「(選択肢が複数あって)どれでもいい」、もしくは「別に飲まなくてもいい」気持ちが背後にあることになります。1種類の紅茶を勧める場合には some を使うことで「どうぞ飲んで」という思いやりが伝わるのです。

付加疑問文はなぜ肯定／否定を逆にするのか？
　次は文尾に疑問文を付け加える「付加疑問文」です。
You like him, <u>don't you</u>?
He's not here, <u>is he</u>?

このように、**肯定文なら否定の疑問、否定文なら肯定の疑問を付け加える**と習います。しかし、学校英語では作り方を暗記するだけで終わってしまいがちですので、その感覚を味わってみましょう。

実は逆にしなくてもＯＫ

もし、肯定・否定を逆にしなければどうなるでしょうか？ 実はそれも英語としては正しいのです（なお、この用法が使われる頻度は非常に低いです）。

You like him, <u>do you?</u>
He's not here, <u>isn't he?</u>

ただし、ニュアンスが変わってきます。

ちょっと日本語で考えてみていただきたいのですが「彼のことが好きなの？ 好きなの？」と繰り返したらいかがでしょうか？ それと同様に、You like him, do you? には「強い関心」があるようなニュアンスが感じられるかもしれません。

He's not here, isn't he?

と繰り返して念を押すということは、その裏には「疑い」の気持ちがあるのかもしれません。

また、場合によっては「怒り」を表す場合もあります。
That was a lie, was it?（あれはウソだったんだな（怒）。）

例えるなら、通常の肯定文が「＋１ポイント」、文尾に付加した肯定の疑問文は「＋0.5ポイント」だと考えてみるといいでしょう。逆に否定文であればそれぞれ「－１ポイント」、「－0.5ポイント」です。

肯定／否定を逆にせずに重ねるということは、合計プラスか

マイナスの 1.5 ポイントになります。それだけ強調されるから「強い関心」などを表すことになるのです。

付加疑問文の基本

通常の付加疑問文は、肯定／否定をひっくり返します。それはつまり、合計がプラスかマイナスの 0.5 ポイントになるということです。

You like him, don't you?
（＋1）　　（－0.5）　➡ 合計 ＋0.5 ポイント

He's not here, is he?
（－1）　　（＋0.5）　➡ 合計 －0.5 ポイント

もし、You like him. と言うならば、それは＋1 ポイントの発言であり、断言をすることになります。それよりも弱いのが付加疑問文ということになります。

付加疑問文ではイントネーションに 2 種類あり、語尾を上げる場合と下げる場合とがあります。

You like him, don't you?↑

語尾を上げることで、確かめるために質問しているようなニュアンスになります。日本語に訳すならば「彼のことが好きなんでしょ？」という感じでしょうか。

You like him, don't you?↓

逆に語尾を下げた場合には、断言とまでは行きませんが、**ある程度の確信のようなものがあり、確認をしているニュアンスが出ます**。訳すならば「彼のことが好きなんですよね」に近いです。

He's not here, is he?↑
「彼はここにいないんですね？」と確かめているニュアンスになります。

He's not here, is he?↓
「彼はここにいませんよね」と念を押しています。

付加疑問文の実際の使い方

　付加疑問文の作り方やニュアンスはお分かりいただけたと思いますが、そこまで頻繁に使うものではありません。では、付加疑問文はどのような場面で使うとよいか、実際の用例を見てみましょう。

(a)　**It's a nice weather, isn't it?**
(b)　**That's not a bad thing, is it?**
(c)　**I made a big mistake, didn't I...**↓

　まず(a)ですが、日本語でも「今日はいい天気ですね」と話しかけることで、相手とのコミュニケーションを図りますよね。
Is it a nice weather?
　などと、見れば分かることを質問するのは変ですし、
It's a nice weather.
　と断言しても、相手はどう反応してよいか迷います。ですから付加疑問文は、相手との"キャッチボール"を始めるために、非常に使えるテクニックです。

　(b)は、あまり自信がないことや、確信がないことに対して、相手の同意を取ろうとしています。「それは別に悪いことじゃ

ないよね？」という感じです。

(c)は「大失敗だったのかな……」という意味合いですが、失敗だったと気づいた時に、相手の賛同や共感を得るために付加疑問を使っています。

I made a big mistake.

のように言うと、まるで失敗についての告白を始めるかのように聞こえるでしょう。

会話ではrightがよく使われる

また、会話ではrightという単語がよく使われます。rightは「正しい」という意味ですから、「情報として正しいですか？」と確認する気持ちを加えることになります。なお、語尾は上げて発音します。

You know him, right?↑
彼と知り合いですよね？

もしこれにストレートに答えるとしたら
Yes, that's right.（はい、その通り。）
になります。

命令文やLet'sの場合

命令文や、Let's... で始まる文（letで始まっていますので厳密にはこれも命令文です）の場合には、主語がありません。ですので、ちょっと違うものを付加することになります。

Stop fighting, will you?↑
命令文の時によく付加されるのがwill you?です。

Will you stop fighting?（ケンカはやめてくれない？）

のように言えば「依頼」をする文になりますよね（142ページ参照）。

ただし、元々が命令文ですし、あまり丁寧な言い方ではありません。日本語に訳すなら「ケンカは、やめよう？」という感じでしょうか。

Give me a cup of tea, <u>would you?</u>↗

こちらは will を would にすることで、丁寧度を増した表現です。あるネイティブスピーカーは、奥さんに紅茶を入れてほしい時に自分はこう表現すると言っていました。

Would you give me a cup of tea?

だと、ちょっとよそよそしすぎるということでしょう。

Let's go inside, <u>shall we?</u>↗

let's の文に付加疑問をつけたい場合には、shall we? を使います。37ページで解説した通り、Let's... はリーダーシップを発揮するような、やや押しの強い表現です。

そこに「…しませんか？」を表す shall we? がくっつくことで、口調をややソフトにすることができます。敢えて日本語に訳すなら「中に入ろうよ。どうかな？」と確認を加えている感じでしょうか。

how long

how（どのくらい）＋ long（長い）ということから「長さ」を尋ねるのが how long です。

How long is this train? - It's 200 meters long.

例えばこのように言えば、電車の長さを尋ねられます。

それだけでなく、how long は時間的な長さ、つまり「期間」について尋ねるのにも使われます。

例えば彼がどのくらいの期間、病気なのかを尋ねたいならば、次のように言えます。

How long has he been sick?

答え方としては、例えば for を使って
For three days.
などのように言うこともできますし、since を使って
Since last month.
などのようにも言えます。

このように、how long を使った疑問文は、現在完了形（継続）の場合によく使われます。また、予定を聞く質問でも使われますね。

How long are you going to stay in New York?

これでニューヨークに滞在する長さを尋ねることができます。

また、
How long does it take?
という表現も、非常に使い勝手が良いのでぜひ覚えておきましょう。これで「どのくらい時間がかかりますか？」という意味です。

この take は「時間がかかる」ことを表します。なぜそのような意味になるのかは、次の例文を見ると分かりやすいでしょう。

It takes about 15 minutes to walk to the beach.

これは it 〜 to…構文（72 ページ参照）で、it は後から to walk... で補足されています。つまり、take する主語は「歩く

こと」であり、それが「約 15 分を取る」ことから「約 15 分かかる」という意味になります。

How long does it take <u>to walk</u> to the beach?

このように to 不定詞をつなげることで、「…するのにどのくらい時間がかかる？」と尋ねることができます。

how often

often は「しばしば」「よく」と訳されますが「頻度が多い」ことを表します。how often で「どのくらい（多く）の頻度」なのかを尋ねることができます。

How often do you play basketball?

答え方としては、まずは every を使った「毎〜」という表現として、everyday や every week などがあります。

また、once、twice、そして 3 回以上なら〜 times を使った、「週に○回」のような言い方もあります。

once a year
twice a month
five times a week

ここでの a は per（〜毎）と言い換えることもできます（例：five times per week）。ただし、per は正式な言葉であり、口語では five times a week のように言うのが一般的です。

もちろん five times every week と言うこともできます。違いとしては、every があることで「毎週なのだ」ということが強調されます。敢えて訳し分けるなら、〜 times every week は「毎週○回」、〜 times a week は「週に○回」に近いでしょう。

疑問詞＋ to 不定詞
how to

how to (do) で「…する方法」という意味を表します。

I don't know how to ski.

ski は「スキーをする」という意味の動詞です（ちなみに「スキーに行く」は go skiing と言います）。

I don't know how... で「方法を知らない」と言っています。何の方法なのかを後から to 不定詞で補足している、と考えれば特に難しいことはないでしょう。

それではちょっと問題をやってみましょう。

Q ▶ 以下の日本語をhow to (do)を使って表現して下さい。

①このコンピュータを使う方法
②ピアノを弾く方法
③早起きする方法

答えは
① **how to use this computer**
② **how to play the piano**
③ **how to get up early**
ですね。
では、もう少し例文を見てみましょう。

Do you know how to say "thank you" in German?

in German は「ドイツ語で」ということですね。

how to はこのように know という単語と一緒に使われることが多くあります。

My mother taught me how to cook.

taught は teach の過去形です。teach の後ろには目的語として me と how to cook という2つの言葉があります（ＳＶＯＯ）ので、教えることで「私（me）に料理方法（how to cook）を受け渡している」というニュアンスがあります（詳しくは『頑張らない英文法』を参照して下さい）。

さて、もう少し how to (do) の感覚を掘ってみましょう。to 不定詞が使われていますので、「まだしていない（これからする）」というニュアンスが出る場合があります。

ですから先ほどは「…する方法」と書きましたが、「どのように…したらよいか」と訳した方がより正確かもしれません。

I don't know how to tell her the truth.

tell the truth で「真実を伝える」という意味ですね。tell her the truth となっていますので、伝えることで「彼女に真実を受け渡す」というニュアンスがあります。

真実を彼女にこれから伝えようとしていますが、「どのように伝えたらよいかが分からない」のです。

what to

what to (do) で「何を…したらよいか」という意味を表します。こちらも問題を通じて実際に見ていただいた方が早いでしょう。

> **Q** 以下の日本語をwhat to (do)を使って表現して下さい。

　①何を作ればよいか
　②何を言えばよいか
　③何をすればよいか

　答えは
① **what to make**
② **what to say**
③ **what to do**
　です。

　この what はその後の動詞の目的語であり、動詞が表す動作の「内容」や「対象」に当たります。例えば

I don't know what to say.

　のように言うと「言う内容が分からない」のですから「何を言えばよいか分からない」という意味になります。

My mother told me what to do.

　こちらも「伝える (tell)」ことにより、「私」に「何をすればよいか」が受け渡されていることを感じて下さい。つまり「母が私に何をすればよいか教えてくれた」「何をすべきか指示された」という意味合いです。

when/where to

　使われる頻度は下がりますが、「いつ…したらよいか」を表す when to (do) と、「どこで…したらよいか」を表す where to (do) も一緒に押さえておきましょう。

He told me when to water the plants.
この water は動詞ですね。water the plants で「植物に水をやる」です。「いつ水をやるべきかを教えてくれた」という意味になります。

Don't worry about where to eat in this town.
「どこで食べるかを心配しなくていい」という意味ですね。

では最後に、when/where/what to が一度に使われている例文を見てみましょう。

I'll tell you when to go to Hawaii, where to stay and what to see.（ハワイにいつ行って、どこに滞在して、何を見たらよいかを教えてあげます。）

「…かどうか」を表すには？
次に解説するのは、「…かどうか」を表す表現です。

Do you know <u>if</u> she is a student?
彼女が学生かどうか知っていますか？

We don't know <u>whether</u> he's coming <u>or not</u>.
彼が来るかどうか私たちは知りません。

「…かどうか」という意味を表すのには if、もしくは whether が使われます。whether はやや硬い言葉ですから、基本的に if を使えば問題ありません。また、or not は、より正式な言葉の使い方をしたい場合につけて下さい。

では、慣れていただくために、以下の問題を解いてみて下さい。

Q ▶ 以下の日本語を英語にして下さい。

①私がその試験を受けるべきかどうか教えて下さい。
②ジョンが運転するつもりかどうか知っていますか？

模範解答は以下の通りです。

① **Please tell me if I should take the test.**

「試験」は exam（examination）でもいいですね。「受ける」ことは take で表現します。「べき」は直訳で should にしましたが、have to などでもいいでしょう。

② **Do you know if John will drive?**

will の代わりに is going to でもOKです。なお、「（車を）運転する」という場合には drive 1語で言うのが普通です。

COLUMN

なぜ if が「…かどうか」という意味にもなるのか？

if は「もし…」なのに、どうして「…かどうか」という意味にもなるのでしょうか？

if の気持ちを理解するためには、コインを思い浮かべて下さい。「もしも○○なら」という時に、「○○」がコインの表だとします。

If you want...（もしあなたが望むなら…）という文で考えるなら、「望む」という肯定が「コインの表」であり、「望まない」という否

定が「コインの裏」になります。その時に「コインの表」にフォーカスをするのが if なのです。しかし、コインの表が出るか裏が出るかは、実際に投げてみるまで分かりませんよね。ですから、「もし…」という仮定の意味が生まれるのです。

そして、「…かどうか」を表す if も同じ感覚を内包しています。

I don't know if he will succeed.
彼が成功するかどうか分からない。

if he will succeed ですから「彼が成功する」というのが「コインの表」に当たります。しかし、I don't know if... ですから、コインの表が出るかどうかを知らないのです。

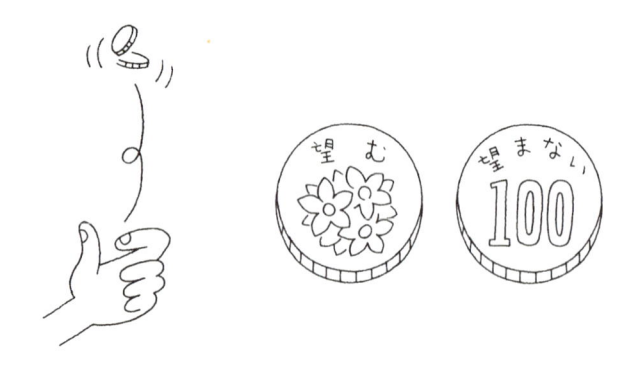

おわりに

　本シリーズの第1作『頑張らない英語学習法』を出したのは5年前でした。すぐに読者さんから嬉しいお便りが何通も届きました。

「気が楽になりました」
「英語学習が楽しくなってきました」

　そして、何よりも目についたのが
「英語を頑張ります！」
　というメッセージ。頑張らない英語の本なのに、何人もの方が「頑張ります！」と、ビックリマーク付きで言ってくるのです。

　私がお伝えしていることの根底にあるのは、「英語はシンプルであり、子どもにも理解できるもの」という事実です。違う言い方をすれば、英語という言語を「あるがまま」に捉え、受け入れ、そして使う。
　その時、それを行なう学習者は「ありのまま」でいればよく、余計なことをしなければいい。そういうシンプルな話なのです。

　あれこれと理屈をこねたり、間に日本語を介したりする必要はありません。英語の考え方を受け入れ、英語のままに理解すればいいのです。

　間違いを恐れる必要もありません。できない自分を否定する必要も、恥じる必要もありません。できないものはできないし、分からないものは分からない。ただし、分からないことにも、

できないことにも、きちんと原因があります。それを解消すればよいだけなのです。

　それが本書でお伝えしてきた「頑張らない」の本当の意味です。歯を食いしばるような苦しい努力をする必要はありません。正しいやり方で正しい努力をすれば、苦しい努力も、ムダな努力も要らなくなるのです。

　一部の人間だけが「英語の才能」を持ち合わせているのではありません。言葉を使うことは人間に本来備わっている「機能」です。その機能をうまく発揮することさえできれば、誰でも英語はできるようになり、「分かる喜び」や「伝わる喜び」が感じられ、さらには「自信」が持てます。

「がんばる」には2通りの意味があります。1つは「〝頑〟なに〝張〟る」という意味。気をピーンと張り、歯を食いしばって努力をする──。

　しかし、「頑張ります！」と言ってきてくれた方々はもう1つの、シンプルな意味で「がんばる」を使っています。「よーし、やるぞ！」という前向きな気持ち。英語ができるようになることへのワクワク。余計なものがそげ落ちて、英語をシンプルな形で楽に学べるようになった証拠です。

　英語は小難しいものではありません。教育レベルの高い日本人が何十年とやってもできないのは、根本的な何かがズレてしまっているだけ。

　その「ズレ」を解消するための、私なりの答えがこの「頑張

らない英語」シリーズです。ぜひ、多くの方が「あるがまま」に英語を身につけられ、そして「ありのまま」に大きく活躍されることを心から応援しています。

　言葉では伝えきれない感謝の気持ちを込めて

2015 年 1 月

西澤 ロイ

INDEX

さくいん（英語）

a	127, 184
already	107, 117, 118
any	176
aren't you...?	175
ask	63, 83
bathroom	126, 127
be	18, 28, 31, 34, 35, 71, 113
be able to	50, 53, 124, 172
be going to	90, 94, 100, 103
be surprised	70
be to (do)	88
become	71, 133
before	106
being	28, 29
borrow	126
break	105, 172
by	51
call	56, 140
can	44, 123, 139, 165
can I...?	126, 139
can you...?	54, 142
can't help 〜ing	57
can't you...?	176
come over	41, 42
complain	25
could	52, 144, 165, 172
could you...?	143
decide	82
die	20
don't	35
don't you…?	175, 177
drive	189
enjoy	83
ever	108, 109
every	184
finish	83, 117
fly	26, 166
for	74, 75, 80, 109, 111, 115, 183
forever	109
forget	86
from	115
generous	76
get up	20
give	67, 143
give up	83, 171
go	34, 38, 52, 78, 113, 185
have	36, 65, 92, 104
have to	66, 124, 129, 135, 136
help	30, 57, 127, 168
homework	67
hope	17, 62, 82
how long	182
how often	184
how to	185
if	102, 144, 168, 188, 189
in	114, 185
it	57, 72, 75, 183
just	120, 121, 176
knock	22
know	26, 40, 185
leave	37, 101
let	38
let's	37, 181
like	61, 80, 179
live	27, 115
look forward to 〜ing	84
make	67
may	93, 124, 132, 136, 139
may I...?	126, 139
maybe	128
might	128, 172

must	124, 129, 133, 136	the	127
need	56, 61	there	42
never	89, 94, 111	they	55
nice	29, 75, 175	time	78, 106, 112, 184
nice of/for ~	75	to	62, 89, 94, 115, 137
no	175	try	87
not	19, 47, 62, 94, 104, 110, 125, 136, 138	until	52
		use	126
now	23, 99, 172	used to	157
of	75	want	60, 64, 71, 82, 171
over	42	want＋人＋to (do)	62, 64
over there	42	we	55
please	35, 37, 92, 142	were	169
possibly	144	what to	186
remember	85	when to	187
right	181	where to	187
running	17	whether	188
see	27, 53	Who knows?	40
serve	29	why don't we...?	38
shall	138	why don't you...?	41, 96
shall I...?	139	Why not?	40
shall we...?	40, 139, 182	will	76, 90, 91, 96, 100, 102, 123, 151, 156, 169
should	124, 138, 140, 173		
shut up	176	will you...?	142, 181
since	115, 183	wish	166
sing	16, 83, 168	wonder	144
smoke	81, 161	won't	94, 97, 126, 170
some	176	work	140
something	60, 65	would	97, 151, 156, 169, 170
sorry	35, 70	would like	64, 171, 177
stop	84	would you...?	65, 143, 177, 182
stupid	28, 35	yes	175
swim (swimming)	17, 50, 72	yet	107, 110, 118
take	92, 96, 183, 189	you	33, 55
teach	24, 31, 186		
tell	24, 25, 63, 186		
tell+人+to (do)	63		

さくいん（文法用語）

it〜to構文	72, 75, 183
to不定詞	58, 80, 129, 185
be to不定詞	88
形容詞的用法	65, 78
副詞的用法	67, 73
名詞的用法	60, 72
一般論のyou	55
過去完了形	149, 152, 156, 167
過去形（時制）	20, 45, 53, 68, 117, 120, 128, 144, 149, 153, 154, 159, 165, 167
過去進行形	20, 144
過去分詞	104, 134, 149, 172
仮定法	97, 165
冠詞	127
完了形	134, 172
疑問文	19, 29, 47, 104, 107, 142, 174
敬語（丁寧語）	35, 37, 64, 140, 141, 171, 177
形容詞	19, 65
原形	33, 37, 44, 58, 123, 129, 134
現在完了形	104, 153
完了・結果	104, 117
経験	104, 112, 160
継続	104, 115, 153, 183
現在完了進行形	117
現在形（時制）	18, 23, 25, 44, 45, 90, 100, 103, 118, 149, 151, 155, 162, 164
現在進行形	16, 90, 98
現在分詞（ing形）	16, 80
肯定文	19, 30, 44, 104, 175, 178
時制の一致	146
時制の一致の例外	155, 162
主語	18, 33, 47, 75, 80, 104
受動態（受身）	29, 88, 104
条件の副詞節	102
助動詞	44, 91, 94, 103, 104, 110, 123, 165
心的態度	49, 103, 123, 125, 132
接続詞	115
大過去（過去の過去）	149, 152, 156
第4文型（SVOO）	186
動名詞	31, 80
倒置	19, 47, 104
（助動詞の）二面性	47, 93, 124, 132, 133, 135, 140
反語	38, 40, 166, 175
反事実	167, 169
非事実	34, 45, 62, 68, 80, 89, 123, 129
否定疑問	142, 174
否定の命令文	35
否定文	19, 35, 47, 97, 104, 110, 125, 136, 174, 178
付加疑問（文）	177
副詞	67, 102
マジックe	17
未来表現	25, 90, 151
名詞	31, 60, 65, 72, 80
命令文（形）	33, 88, 142, 181
目的語	62, 63, 186
目的語が2つ	186

参考文献

- 『ダイナミック英文法』（研究社）阿部一（1998）
- 『ロイヤル英文法』（旺文社）宮川 幸久、綿貫 陽ほか（1988）
- 『ネイティブスピーカーの英文法』（研究社）大西泰斗、ポール・マクベイ（1995）
- 『ネイティブスピーカーの英語感覚』（研究社）大西泰斗、ポール・マクベイ（1997）
- 『英文法をこわす』（NHKブックス）大西泰斗（2003）
- 『一億人の英文法』（東進ブックス）大西泰斗、ポール・マクベイ（2011）
- 『Pragmatics』（Oxford Univ Press）George Yule（1996）
- 『Meaning in Interaction: An Introduction to Pragmatics』（Routledge）Jenny A. Thomas（1995）
- 『Women, Men, and Politeness』（Longman）Janet Holmes（1995）
- 『The Present』（Bantam）Spencer Johnson（2007）

西澤ロイの英語トレーニング教材
安心の返金保証付きで好評発売中！

英会話

「Just In Case（ジャスト・イン・ケース）」

中学で英語を学んだ方であれば誰でも、3ヶ月以内に英語が話せるようになる、英会話のトレーニング教材です。

＜こんな方におススメ！＞
- 英会話スクールに通っているが上達が感じられない。
- 仕事で英語が必要なのでしゃべれるようになりたい。
- どうやったら英語がしゃべれるようになるか分からない。

リスニング

「リアル・リスニング」

英語リスニングには、正しい聴き方をしない限りなかなか越えられない「壁」があります。このトレーニング教本を使い、正しい方法で、本物のリスニング力を身に付けて下さい。

＜こんな方におススメ！＞
- 知っている話題でないとついていけない
- なんとなくは聞き取れても、リスニング力に自信が持てない
- ニュース英語やナマの英語には歯が立たない

読者プレゼント　ページの都合で載せきれなかった特別レッスン「分詞の後置修飾と関係代名詞」「間接疑問文」に関する原稿を無料提供。以下よりダウンロードください。
http://stress-free-english.net/

著者紹介

西澤ロイ（にしざわ・ろい）

納得!!英語学習カウンセラー。「英語の上達法」「英語の考え方」の専門家。1977年北海道生まれ。獨協大学英語学科卒業。アメリカのジョージア州に1年間の留学経験あり。
英語が大の苦手な状態から試行錯誤の末にTOEIC満点まで上達した経験を元に、言語学や脳科学、心理学といった専門知識などを組み合わせて英語の指導を行っている。TOEIC満点（990点）、TOEFL（PBT）613点、英検4級。
「英語感覚」や「英語の考え方」を分かりやすく日本語で伝えるスキルには定評があり、「長年の疑問がすっきり解消した！」「そんな風に英語を捉えたことがなかった」「目からウロコ！」という多くの感動や喜びの声が寄せられている。
著書に『頑張らない英語学習法』『頑張らない英文法』（あさ出版）、『英語を「続ける」技術』（かんき出版）がある。

ウェブサイト：http://stress-free-english.net/
Eメールアドレス：nishizaw@englishpower.net

頑張らない基礎英語　〈検印省略〉

2015年 2月 26日 第 1 刷発行

著　者——西澤 ロイ（にしざわ・ろい）

発行者——佐藤 和夫

発行所——株式会社あさ出版

〒171-0022　東京都豊島区南池袋 2-9-9 第一池袋ホワイトビル 6F
電　話　03（3983）3225（販売）
　　　　03（3983）3227（編集）
ＦＡＸ　03（3983）3226
ＵＲＬ　http://www.asa21.com/
E-mail　info@asa21.com
振　替　00160-1-720619

印刷・製本　（株）光邦
乱丁本・落丁本はお取替え致します。

facebook　http://www.facebook.com/asapublishing
twitter　http://twitter.com/asapublishing

©Roy Nishizawa 2015 Printed in Japan
ISBN978-4-86063-757-6 C0082

西澤ロイの「頑張らない英語」シリーズ

「こんな方法はじめて！」「英語の不安がなくなった！」
「英語に対するモチベーションが上がった！」

という声多数！

無駄な暗記をせず、「納得して理解する」方法を多数収録
誰でも英語学習が続いてしまう！

頑張らない英語学習法

1300円+税

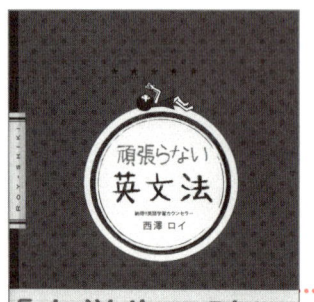

英語はなぜ語順が逆なのか？
play the piano はなぜ the がつくのか？

「覚えるしかない」と言われた英文法の、理由がわかる！
長年の疑問が解消する！

頑張らない英文法

1300円+税